은폐된 노예제

THE VEILED SLAVERY

은폐된 노예제

초판1쇄 인쇄 2024년 8월 19일
초판1쇄 발행 2024년 8월 23일

지은이 우에무라 구니히코
옮긴이 조성원
발행인 노현철
발행처 도서출판 해남

출판등록 1995. 5. 10 제 1-1885호
주　　소 서울특별시 마포구 마포대로8길 9 영명빌딩 405호
전　　화 739-4822 **팩스** 720-4823
이 메 일 haenamin30@naver.com
홈페이지 www.hpub.co.kr

ISBN 978-89-6238-186-3 93320

은폐된 노예제

THE VEILED SLAVERY

우에무라 구니히코 지음 조성원 옮김

도서출판 해남

'노예제'와 자본주의

우리는 현재 자본주의 사회에 살고 있다. 일상생활 속에서 '노예제'라는 말과 만날 기회는 거의 없다. 그러나 실은 '노예제'와 자본주의가 밀접한 관계가 있다는 사실을 당신은 아직 모른다.

'노예제'라는 말을 듣고 곧바로 떠오르는 것은 무엇인가. 그리스나 로마의 고대 지중해 세계인 것일까. 개중에는 초등학교 도서실에서 읽은 스토 부인의 『엉클 톰의 오두막』(미국 남북전쟁 전인 1852년에 출판된 소설)이라고 말하는 사람도 있을지 모르겠다. 애초에 인간이 '노예'로 존재한다는 것은 무엇을 의미하고 있는 것인가.

기원전 4세기의 그리스 철학자 아리스토텔레스는 저서 『정치학』에서 '국가공동체'의 기초단위이며, 경제(economy)라는 어원의 원류이기도 한 '집'에 관하여 다음과 같이 서술하고 있다.

> 집(οἰχία)은 완전한 형태로는 노예들과 자유인들(δοῦλων χαί ἐλέυθέρων)로 이루어져 있다. (중략) 집의 최초이자 최소의 부분은, 주인과 노예(δοῦλος), 남편과 처, 아버지와 자식이라는 관계인 것이다.[1]

여기서 알 수 있는 것은, 고대 그리스의 아테네에서는 개개의 집마다 가사노동이나 농업노동의 담당자로서 노예가 존재하였다는 사실이다. 아리스토텔레스는 이렇게 말을 이어가고 있다.

> 노예는 생명이 있는 일종의 재화이며, 일을 거들어 주는 자는 모두, 도구 중에서도 가장 뛰어난 도구처럼 행세한다. (중략) 인간이면서, 자연에 의해 자기자신의 소유물이 아니라, 다른 자의 소유물인 자, 이것이 자연에 의한 노예와 차이가 없다. 무릇 인간이면서 재화와도 같은 인간은, 다른 자의 소유물이다.[2]

인간이 다른 인간의 소유물이 되는 사태가 왜 일어나는가. 아리스토텔레스는 그것이 '자연에 의한' 것이라는 점을, 그야말로 부자연스러울 정도로 강조하고 있다. 그는 이렇게도 서술하고 있다.

> 자유인과 노예가 상이한 체형으로 만들어져 있는 것도 자연의 의도에 따른 것이다. 노예의 몸은 불가결한 사용에 견딜 수 있는 굳건한 것이지만, 자유인의 몸은 등줄기가 꼿꼿이 펴 있어 그러한 작업에는 적합하지 않으나 시민으로서의 삶에는 적합하다. (중략) 이리하여 자연에 의해 자유인인 사람들과 노예인 사람들이 존재하는 것은 명백하다. 그리고 후자에게 노예로 존재한다는 것은 유익하기도 하고 올바른 일이기도 하다.[3]

---

1 アリストテレス,『政治学』, 牛田徳子訳, 京都大学学術出版会, 2001, p. 12.
2 같은 책, pp. 14~15.
3 같은 책, pp. 18~19.

'자연에 의한'이라는 것은 요컨대 '태생'에 의한다는 것을 의미한다. 태어날 때부터 노예가 되도록 운명지어진 인간이 존재한다는 것이다. 단 아리스토텔레스는 그들도 또한 똑같이 '인간'(ἄνθρωπος=anthropos)이라는 점은 인정하고 있다. 그러면 실제로는 어떠한 사람들이 노예가 되는 것인가.

영국의 역사가 페리 앤더슨에 의하면, 고대 그리스에서는 "아마도 그 이전 또는 그 이후의 다른 어떠한 생산양식에서보다도 군사력이 경제성장과 긴밀하게 연결되어 있었다. 그 이유는 노예노동의 주요한 유일의 원천은 통상적으로 전쟁포로이며, 또한 전쟁을 위해 자유인을 도시의 군대에 징모(徵募)하는 일은 국내에서 노예에 의한 생산의 유지에 의존하고 있었기 때문이다."[4]

그 전쟁포로가 '살아 있는 도구'로서 매매 대상으로도 되었던 것인데, "노예—주로 트라키아인, 프리기아인, 시리아인—의 가격은 극히 저렴하여 노예 1명을 1년간 부양하는 데 필요한 비용 정도였다. 그래서 노예 사용은 그리스 사회가 탄생하였을 때부터 널리 시작되었으며, 최하층의 직인이나 소농민조차도 종종 노예를 소유하기에 이르렀다."[5]

그렇다고 한다면 분명 '노예'는 그리스인과는 태생이 다른 사람들로

---

4 Perry Anderson, *Passages from Antiquity to Feudalism*, London: New left Books, 1974, p. 28(青山吉信·尚樹啓太郎·高橋秀訳, 『古代から封建へ』, 刀水書房, 1984, p. 19).

5 같은 책, p. 36(p. 31).

서, 문화적·지리적 등 다양한 조건에 의해 그리스 도시국가의 중장비로 무장한 보병들의 침략에 저항할 수 없었던 사람들이었다. 그 결과 고향에서의 생활이나 공동체로부터 분리되어 '벌거벗은 개인'으로서 그리스 도시국가에 붙잡혀, 거기서 탈주할 수 없었던 사람들이라고 할 수 있다. 이러한 사정은 규모의 차이는 있으나 앞으로 검토하게 될 근대의 노예제와 거의 다를 바 없다고 말할 수 있을 것이다.

참고로 그리스의 노예는 '도우로스'(δoύλoς=doúlos), 로마의 노예는 '세르우스'(servus)라고 불렸는데, 근대 유럽의 여러 언어에서는 슬라브인에서 유래하는 말이 사용되고 있다. 영어의 〈slave〉, 프랑스어의 〈esclave〉, 독일어의 〈Sklave〉 등이다. 앤더슨에 의하면 이들 용어의 기원인 라틴어의 '스크라우스'(sclavus)가 출현하는 것은 10세기이며, 그것은 당시의 러시아를 침략한 스웨덴 바이킹이 세운 바랑기아왕국이 "이슬람 세계로의 노예수출이라는 기반 위에 구축된 하나의 상업제국"[6]이었기 때문이며, "그 노예는 슬라브적 동방의 전역에서 조달되어, 아랍에 정복당한 지중해 지역이나 페르시아 지역 및 그리스제국에 공급되었기"[7] 때문이었다. '슬라브인'이 노예의 대명사가 된 것이다.

그러한 '슬라브인'들, 혹은 '신대륙' 발견 후인 16세기 이후에 서아프리카에서 대서양을 건너 남북아메리카에 끌려간 근대의 '흑인노예'들은,

---

6 같은 책, p. 176(p. 184).
7 같은 책, p. 235(p. 248).

현대의 우리와 내체 어떠한 관계가 있는 것일까.

1867년에 출판된 칼 마르크스(1818~1883)의 『자본론』 제1권 끝부분 「소위 본원적 축적」을 논한 장에서 우리는 다음과 같은 문장을 볼 수 있다.

> 면공업은 잉글랜드에 아동노예제를 가져왔는데, 그것은 동시에 이전에는 많든 적든 가부장제적이었던 합중국의 노예경제를, 상업적 착취제도로 전화하기 위한 원동력마저도 부여하였다. 일반적으로 유럽에서 임금노동자의 은폐된(die verhüllte Sklaverei) 노예제는, 신세계에서의 문자 그대로의 노예제를 받침대로서 필요로 하였던 것이다.[8]

잉글랜드에서의 아동노예제! 유럽에서의 임금노동자의 '은폐된 노예제'! 더욱이 그것은 신세계=미합중국의 노예제와 밀접한 관계가 있으며, 그것은 '받침대(Piedestal)=대좌(臺座)'가 되었던 것이다. 자본주의는 노예제를 전제로 한다. 그리고 자본주의는 노예제를 필요로 한다!

그러나 『자본론』은 자본가 계급에 의한 노동자 계급의 '착취'를 논한 책이 아니었던가. '2중의 의미에서 자유로운' 임금노동자는 노예와는 다르다고 마르크스는 말하지 않았던가.

---

8 Karl Marx, [1983] *Das Kapital: Kritik der politischen Oekonomie*, Bd. 1, in: Karl Marx und Friedrich Engels, *Gesamtausgabe* [*MEGA*], Ⅱ/5, Berlin: Dietz, S. 607(岡崎次郎訳, 『資本論』 第1巻, 『マルクス=エンゲルス全集』 [以下 『全集』] 第23巻 第2分冊, 大月書店, 1965, p. 991).

‘은폐된 노예제’라고 말하는 이상 은폐되어 있는 것은 노예제라 하더라도, 무엇이 어떠한 의미에서 그것을 ‘은폐’하고 있다는 것인가.

이 ‘은폐된 노예제’라는 말의 수수께끼를 풀기 위하여 근대 노예제의 역사를 되돌아보고, 또한 노예제를 둘러싼 담론의 역사를 되짚어 보는 일, 그리고 자본주의와 노예제의 떼려야 뗄 수 없는 관계를 밝히는 것이 바로 이 책의 과제이다. 그러면 350년에 걸친 노예제의 사상사 속을 헤치고 들어가 보기로 하자.

| 차 | 례 |

제1장

노예제와 자유

_ 계몽사상

1. 로크와 식민지 경영
2. 몽테스키외와 흑인노예
3. 루소의 몽테스키외 비판
4. 볼테르의 노예제 비판

1. 로크와 식민지 경영

존 로크(John Locke, 1632~1704)는 영국에서 계몽사상의 개막을 장식한다고 평가되는 사상가이다. 로크라고 하면 '자유'가 키워드이다. 예를 들어 정치사상사가 마루야마 마사오(丸山眞男, 1914~1996)는 1949년의 『법철학사계보』(法哲學四季報) 제3호에 「존 로크와 근대정치원리」라는 문장에서 다음과 같이 서술하고 있다. "로크는 '자유'의 개념을 '구속의 결여'라는 소극적 규정(=홉스의 입장)으로부터, 자기입법—인간이 자기에게 규범을 부과하는 주체적 자유—이라는 적극적=구성적인 관념으로 올려놓음으로써 정치적 자유주의의 원칙을 체계적으로 확립한 가장 빠른 사상가 중 한 사람이었다."[1]

로크의 정치사상은 일반적으로 '사회계약론'으로 불리는데, 그 사회계약론의 선구자가 토머스 홉스(Thomas Hobbs, 1588~1679)이다. 그리고 '신약'(信約; covenant)(홉스)이나 '동의'(consent)(로크)에 입각한 새로운 정치사회의 설립을 논한 이 두 사람에 공통되는 점은, 모두 북아메리카 식민지 개발에 관여하고 있었다는 사실이다. 사회계약에 의한 새로운 정치사회의 설립이라는 발상은 식민지에서 현실로 진행하고 있던 사태의 반영이기도 하였다.

1 丸山眞男, 「ジョン·ロックと近代政治原理」(『法哲学四季報』 第3号, 1949. 8), 『丸山眞男集』 第4巻, 岩波書店, 1995, p. 189.

영국에 의한 북아메리카 식민지 개발은, 1584년에 엘리자베스여왕이 파견한 정찰선이 북아메리카에 도달하여 그 토지를 독신의 여왕에 빗대어 '버지니아'로 명명한 것에서 시작하는데, 1585년과 1587년의 두 번에 걸친 집단입식(식민지를 개척하기 위하여 다른 나라와 지역에 들어가 삶. 또는 들어가 살게 함 – 역주)의 시도는 실패하고, 1607년에 칙허(勅許)회사인 '버지니아회사'에 의한 조직적인 식민지 건설이 개시됨으로써 비로소 궤도에 오르게 된다.

홉스는 윌리엄 캐번디슈(William Cavendish, 제2대 Devonshire 백작, 1590경~1628)의 가정교사였던 관계로 1622년에 캐번디슈로부터 그 '버지니아회사' 주식을 건네받아 주주가 되었다.[2]

한편 로크에 관해서는 미국의 역사가 허만 르보빅스가 이렇게 설명하고 있다. "후원자(patron)인 샤프츠베리 백작 앤서니 애슐리 쿠퍼를 통해서 로크는 캐롤라이나의 몇천 에이커나 되는 미개발지의 소유자가 되었으며, 또 해외 영토로부터 이익을 내기 위해 창설된 많은 회사의 주주가 되었다. 그는 식민지 제국을 감독하기 위해 설립된 정부기관에 근무하였다. 그의 수입 대부분은 식민지 관계 공무원으로서의 보수와 식민지에 대한 투자로부터 얻어졌다."[3]

---

2 梅田百合香, 『ホッブズ一政治と宗教』, 名古屋大学出版会, 2005, p. 43.

3 Herman Levovics, "The Uses of America in Locke's Second Treatise of Government," *Jounal of the History of ideas*, vol. 47, no. 4, October-December, 1986, p. 567.

여기서 거명되고 있는 '캐롤라이나 식민지'(현재 미합중국의 노스캐롤라이나주와 사우스캐롤라이나주를 포함)는 1663년에 왕의 허가를 받은 식민지로서 당초에는 8명의 영주가 그 소유자였다(그중 5명은 백작 이상의 귀족, 나머지 3명은 평민). 그 가운데 한 사람인 샤프츠베리 백작(1621~1683)으로부터 로크는 토지 일부를 손에 넣은 것이다. 그에 멈추지 않고 로크는 1669년에 '캐롤라이나 헌법 초안'의 작성에 관여하게 된다. 문자 그대로 식민지에서의 사회계약 명문화의 시도이다.

이 '헌법 초안' 제17조에서 로크는 이렇게 말하고 있다.

> 이 지역의 훌륭한 통치의 실현과 영주의 이익을 대등하면서 혼란 없이 설정하기 위하여, 이 영토의 통치는 현행 군주제에 따른다. 이 영토는 군주제의 일부를 구성하며, 우리는 다수민주제(anumerous democracy)의 설립을 회피한다.[4]

이 식민지는 칙허에 의한 것이기 때문에 현행 군주제에 따르는 것은 당연한 전제였을 것으로 생각된다. 그러나 국왕이 식민지를 직접 통치하는 것은 아니기 때문에 "다수민주제의 설립을 회피한다"고 명기하고 있는 것은, 영주의 과두제적 지배를 확보하기 위해서이다. 캐롤라이나의 식민지 사회는 당시의 잉글랜드 본국과 비교하더라도 시대착오적일 정

---

4 John Locke, "The Fundamental Constitutions of Carolina," *Locke: Political Essays*, edited by Mark Goldie, Cambridge: Cambridge University Press, 1997, pp. 161~162(山田園子·吉村信夫訳,『ロック政治論集』, 法政大学出版局, 2007, p. 5).

도의 봉건적인 영주제 지배의 장이었던 듯하다. 로크는 제22조에 이렇게 쓰고 있다.

> 각 영주령, 남작령 및 장원에서 농노(the leet men)는, 영주 등으로부터의 소송이 없더라도 각 당해 영주, 남작 또는 장원주의 관할하에 있다. 농노 남녀는 당해 주인으로부터 서명 날인 문서에 의한 허가 없이는 자기 주인의 토지를 떠나거나 다른 곳에 거주할 자유을 갖지 못한다.[5]

이어 제23조에는 "농노의 자식은 모두 농노이며 이는 모든 자손에 해당한다"[6]고도 쓰여져 있다. 이처럼 이동의 자유를 제한받은 '신분'으로서의 '농노'는 그래도 아직 노예는 아니다. 그들보다 한층 더 아래에 '흑인노예'가 존재하였기 때문이다. 제101조는 이렇게 명기하고 있다.

> 캐롤라이나의 어떠한 자유인(freeman)도 그의 흑인노예(negro slaves)가 어떤 견해 또는 종교를 갖더라도 그 자에 대해 절대적인 권력과 권한을 갖는다.[7]

이처럼 농노를 사역하고 흑인노예에 대해 '절대적인 권력'을 행사하는 식민자들의 통치조직은, 사회계약론이 상정하는 바와 같은, '자유인'의 동의에 입각한 합의기관도 입법기관도 아니었다. 실제로는 영주 및

---

5 같은 책, p. 166(p. 11).
6 같은 책, p. 166(p. 11).
7 같은 책, p. 180(p. 31).

영주재판소의 고문으로 이루어진 총 50명의 '대평의회'가 최고권력기관이었던 것이다. 이 대평의회만이 "근린의 인디언(the neighbour Indians)과 선전(宣戰), 화목(和睦)을 행하고 동맹, 약정 등을 맺는 권한을 갖는다. 육상 또는 해상에서 군대를 소집, 배치 또는 해산하기 위하여, 치안감찰관 재판소 및 해사봉행(海事奉行) 재판소에 대해 전반적인 명령을 내릴 권한을 갖는다."[8]

이 '헌법 초안'의 조문으로부터 상상되는 것은, 로크 자신은 잉글랜드를 벗어나지 않더라도 캐롤라이나 식민지의 토지소유자로서(아마도 장원주로서 현지의 감독 대리를 통해서) 농노를 사용하고 나아가 간접적으로 노예를 소유하고 있었다는 사실이다. 그러나 그뿐만이 아니었다. 역사가인 미우라 나가미쓰(三浦永光)에 의하면 로크는 노예무역에도 출자하고 있었다. "로크는 아메리카 선주민에 대한 식민자의 전투를 긍정하고 또 흑인노예마저도 용인하였으며, 스스로도 노예거래(왕립 아프리카 무역상인회사)에 출자하고 있었다. 식민에 의한 생산력의 상승과 영국의 국부증대라는 위대한 목적 앞에서는, 이민족 희생자의 존재가 로크를 사상적으로 고뇌하게 만드는 씨앗으로는 작용하지 않았던 것이다."[9]

아마도 그러한 실적이 평가받아서였는지 로크는 1673년부터 1675년에 잉글랜드왕국 정부의 '통상식민성'(通商植民省; Board of Trade and

---

8 같은 책, p. 171(p. 18).
9 三浦永光, 『ジョン・ロックの市民的世界―人権·知性·自然権』, 未来社, 1997, p. 13.

Plantation) 사무국장을 맡게 되어 아메리카 식민정책의 실질적인 추진자가 되었다.

이 17세기 후반의 캐롤라이나에 얼마나 많은 '흑인노예'가 있었는지, 그들이 구체적으로 어떠한 노동에 종사하고 있었는지는 잘 알려져 있지 않다. 그러나 이 시기가 영국령의 북아메리카나 카리브해 지역에 대량의 아프리카인 노예가 도입되기 시작한 시기라는 점, 즉 노예무역이 이익을 창출하는 비즈니스로 부상하던 시기인 점은 틀림없다.

에릭 윌리엄스(1911~1981)는 영국령 트리니다드 토바고 출신의 역사학자로서 독립 후 초대 총리가 된 인물인데, 이미 고전이 된 그의 저서『자본주의와 노예제』(1944)에 의하면, 아메리카 식민지에서 초기의 주요 노동자는 영국 본토로부터 이송되어 온 범죄자나 연계봉공인(年季奉公人, 미리 햇수를 정하고 하는 고용살이－역주)이었다. "백인 봉공인제도(the White servitude)는 흑인의 노예제(Negro slavery) 성립을 위한 역사적 기반이었다고 말할 수 있을 것이다". 그에 대해 "나중에 건너온 상당수의 아프리카인 노예는, 이미 완성되어 있던 시스템에 편입된 것에 불과하다. (중략) 흑인노예제가 탄생한 이유는 경제적인 것이지 인종적인 것이 아니다. 즉 중요한 요소는 노동자의 피부색이 아니라 노동력의 저렴함이었던 것이다."[10]

---

10 Eric Eustace Williams, *Capitalism & Slavery*, with a New introduction by Colin A. Palmer, Chapel Hill: The University of North Carolina Press, 1994, p. 19(山本伸監訳,『資

윌리엄스에 의하면 "노예제의 기원은 다음 3가지 말로 집약된다. 카리브의 설탕, 아메리카의 담배, 그리고 면화이다." 이유는 무엇일까.

> 설탕, 담배, 면화의 생산에는 광대한 플랜테이션과 대량의 저렴한 노동력이 필요하였다. 그렇게 되면 작은 농장에서 생계를 유지하고 있었던 봉공인 출신의 백인 소작농민 등은 잠시도 버틸 수 없었다. (중미 서인도제도의) 바베이도스의 작은 담배농원은 거대한 설탕 플랜테이션으로 모습을 바꾸었다. 카리브에서의 설탕산업의 융성은 소작농의 대량소멸의 신호탄이기도 하였다. 1645년 당시 바베이도스에는 1만 1,200명의 백인 소작인과 5,680명의 흑인노예가 살고 있었는데, 1667년에는 거대 플랜테이션의 수가 745로 증가해 흑인노예 수는 무려 8만 2,023명으로 격증하고 있다. 또 1645년에는 총기를 소유할 수 있는 백인이 1만 8,300명 있었는데, 1667년에는 8,300명으로 감소하고 있다. 명백히 백인의 소작농민은 내쫓기게 된 것이었다.[11]

이리하여 17세기 후반 이후, 카리브해와 그곳을 사이에 둔 남북아메리카 지역은 흑인노예제 플랜테이션의 최전성기를 맞이하게 된다.

本主義と奴隷制—経済史から見た黒人奴隷制の発生と崩壊』, 明石書店, 2004, p. 49).

11 같은 책, p. 23(pp. 54~55).

2. 몽테스키외와 흑인노예

미국의 정치철학자 수전 벅모스(Susan Buck-Morss)의 연구 중 「헤겔과 아이티」라는 저작이 있다. 그녀는 독일철학, 특히 프랑크푸르트학파의 비판이론 전문가로서 테오도르 아도르노나 발터 벤야민에 관한 저작이 있으며,[12] 독일어판 『아도르노전집』 제9권 『사회학논집 Ⅱ』의 편집자이기도 하다.

벅모스는 2000년에 「헤겔과 아이티」라는 제목의 논문을 미국 학술지 『비판적 탐구』(*Critical Inquiry*) 제26호에 발표하여 찬반양론의 커다란 화제를 불러일으켰다. 그 논문을 제1부로서 재수록하고, 그에 대한 비판에의 응답을 제2부 「보편적인 역사」라는 제목으로 구성하여 하나의 책으로 만든 것이 2009년에 출간된 『헤겔, 아이티, 보편적 역사』이다. 그녀는 그 제1논문의 첫머리에서 다음과 같이 말하고 있다. 약간 길지만 중요한 지적을 포함하고 있기에 그대로 인용해 보겠다.

> 노예제는 18세기까지는 서양의 정치철학에서 권력관계에 따라붙는 악의 전부를 함의하는 근본적인 메타포로 되어 있었다. 그 대립 개념인 자유야말로 계

12 Susan Buck-Morss, *The Origin of Negative Dialectics: Theodor W. Adorno, Walter Benjamin, and the Frankfurt Institute*, New York: Free Press, 1977; *The Dialectics of Seeing: Walter Benjamin and the Arcades project*, Cambridge, MA: MIT Press, 1989(高井宏子訳, 『ベンヤミンとパサージュ論—見ることの弁証法』, 勁草書房, 2014).

> 몽주의 사상가로부터는 최고의 보편적인 정치적 가치로 간주되었다. 그러나 이 정치적 메타포가 뿌리를 내리기 시작한 시대는, 바로 노예제의 경제적 실천—식민지에서 노동력으로서 비유럽인의 조직적이고 극히 세련된 자본주의적 노예화—이 양적으로 증가하고 질적으로 강화되어, 그 결과로서 18세기 중엽에는 노예제가 서양의 전체 경제 시스템을 보장하게 된 시대였다. 역설적이게도 이러한 경제적 실천이, 노예제와는 그 자체가 근본적으로 모순되는 다름 아닌 계몽주의적 이상의 글로벌한 확산을 촉진하는 것이기도 하였다. (중략) 몇 백만이라는 식민지 노예노동자의 착취는, 자유야말로 인간의 자연 상태이며 빼앗을 수 없는 권리라고 선언하였던 그 사상가 본인에 의해, 당연히 부여되는 세계의 일부로서 받아들여지고 있었다. 자유라는 이론적 주장이 정치적 스테이지에서 혁명적 행동으로 변용될 때조차도, 노예를 혹사하는 식민지 경제는 스테이지 배후의 어둠 속에 갇혀진 채 기능할 수 있었다.[13]

다시 말해 '계몽의 세기'로 불리는 유럽의 18세기는 동시에 유럽인이 경영하는 흑인노예제 플랜테이션의 최전성기이기도 하였다는 것이다. 그리고 '자유'의 권리를 주장하는 한편에서, 식민지의 노예제를 '당연히 주어진 세계의 일부로서' 받아들이고 있었던 위선적 사상가의 대표적 예로서 벅모스가 들고 있는 것이 프랑스 계몽사상가 몽테스키외(1689~1755)이다. 그녀는 상당히 격렬하게 규탄하고 있다.

---

13 Susan Buck-Morss, *Hegel, Haiti, and Universal History*, Pittsburgh: University of Pittsburgh Press, 2009, pp. 21~22(岩崎稔·高橋明史訳, 『ヘーゲルとハイチ—普遍史の可能性にむけて』, 法政大学出版局, 2017, pp. 23~24).

계몽의 논의에 노예제 문제를 가지고 들어와 일관된 논조를 보인 사람은 몽테스키외였다. 그는 철학적으로는 노예제를 비난하는 한편, 실천적이고 풍토적 그리고 노골적으로 인종차별적인 근거("납작한 코", "머리부터 발끝까지 검다", "'상식'이 결핍되어 있다")에 입각하여 "니그로" 노예를 정당화하였다. 몽테스키외는 다음과 같이 결론짓는다. 식민지의 노예제에 의해 "아프리카인에 대해 행해지는 부정(不正)을 지나치게 강조하는 것은 어리석은 짓이다."[14]

벅모스는 단편적으로만 인용하고 있기 때문에, 몽테스키외의 『법의 정신』(1748)의 해당 부분인 제3부 제15편 제5장 「흑인노예제에 관하여」(De l'esclavage des nègres)를 보기로 하자. 약간 길지만 이것도 그대로 인용한다.

만약 내가 흑인을 노예로 삼는 것에 대해 우리들이 갖고 있었던 권리를 옹호해야 한다고 하면, 나는 다음과 같이 진술하게 될 것이다./유럽의 민족들은 아메리카 민족들을 절멸시켜 버렸기 때문에, 저만큼의 광대한 토지를 개척하기 위해서는 아프리카의 여러 민족을 노예 신분으로 두지 않으면 안되었던 것이다./설탕을 생산하는 식물을 노예로 하여금 재배시키지 않았다면 설탕은 너무나도 고가의 상품이 되었을 것이다./현재 문제가 되고 있는 일당(=패거리)은 머리에서부터 발끝까지 시커멓다. 그리고 그들은 동정하는 것조차 거의 불가능할 정도로 납작한 코의 소유자다./지극히 영명(英明)한 존재인 신이, 이렇게도 시커먼 육체 속에 영혼을 그것도 선량한 영혼을 깃들게 하였다는 생각에 동조할 수는 없다. (중략)/흑인이 상식[le sens commun]을 갖고 있지 않다는 것은, 문명화된 국민들(nations policéss) 사이에서 매우 중요시되는 금보다도, 유리로

14 같은 책, p. 29(pp. 158~159).

만든 목걸이를 귀중시하는 것을 보더라도 증명된다./우리가 이러한 일당을 인간이라고 상정하는 것은 불가능하다. 왜냐하면 우리가 그들을 인간이라고 상정이라도 하게 되면, 우리 스스로도 자신들이 기독교도가 아니라고 생각하게 될테니까./소심한 자들은 아프리카인들에 대해 행해지는 부정(injustice)을 너무나 과장하고 있다. 왜냐하면 만약 이 부정이 진실로 그들이 말하는 정도의 것이라면, 상호간에 저토록 많은 무익한 협정을 만들고 있는 유럽의 군공(君公)들의 머릿속에, 자비와 동정을 위하여 이에 관한 일반적 협정을 만든다는 생각이 당연히 떠오르지 않았을까.[15]

아프리카 '흑인'의 신체나 지성에 대해 본질적이고 민족차별적으로 제멋대로 단정하고 있는 이 문장을 읽어보면, 벅모스가 분개하는 것도 당연하다는 생각이 든다. 단 『법의 정신』의 이와나미(岩波) 문고판 역자는 이 부분에 다음과 같은 역주를 붙이고 있다. "이 장(章)의 원문은 가정법으로 쓰여 있으며 M[몽테스키외]의 의견이 아니다. B[『법의 정신』의 편집자였던 장 브레트 드 라 그랏세(1895~1990)를 가리킴]는 M이 이 정도로 비꼬는 말투로 문장을 쓴 적은 없다고 평하고 있다."[16]

그러나 이것이 비꼬기 위해서 쓰여진 문장이라 하더라도, 그것은 누구를 향한 것이었을까. 블랙 유머라는 것은 해석이 어렵다. 유머러스하

---

15 Montesquieu, Charles louis de Secondat, *De l'esprit des loi*, in: *Montesquieu: Œuvres complètes*, tome Ⅱ, Paris: Gallimard, 1951, p. 494(野田良之他訳, 『法の精神』(上, 中, 下), 岩波文庫, 1989, 中, pp. 58~59).

16 위 역서, 中, p. 398.

게 표현한 것일지라도 블랙유머에는 곧잘 저자의 본심이 새어 나오는 일이 있기 때문이다.

벅모스가 지적하다시피 몽테스키외는 분명 '철학적으로는 노예제를 비난'하고 있다. 그는 『법의 정신』 제3부 제15편 제1장에서 '노예제'에 관해 다음과 같이 서술하고 있다. "본래의 의미에서 노예제란, 한 인간이 다른 인간의 생명 및 재산의 절대적 주인으로 될 정도로 다른 인간을 종속시키는 권리의 설정이다. 그것은 그 본성상 좋지 않다. 즉, 그 주인에게도 노예에게도 유익하지 않다."[17] '유익하지 않다'라는 것은 공리주의적 판 단이 아니라 '도덕적인 덕'(vertu morale)의 관점에서이다.

몽테스키외는 나아가 같은 편(제15편) 제7장에서 다음과 같이도 말한다.

> 그러나 모든 인간은 평등하게 태어났기 때문에, 어떤 나라에서는 그것이 아무리 자연적 이유에 근거해 있다고 하더라도, 노예제는 자연에 반하는 것(l'esclavage est contre la nature)이라고 말해야 한다. 그리고 이와 같은 나라들과, 참으로 다행히도 노예제가 폐지된 유럽의 나라들처럼 자연적 이유들 자체가 노예를 거부하고 있는 나라들과는 분명하게 구별하지 않으면 안된다.[18]

이처럼 몽테스키외는 노예제를 도덕적으로 '자연에 반하는' 것이라

---

17 Montesquieu, *De l'esprit des loi*, p. 490(野田良之他訳, 『法の精神』, 中, p. 52).
18 같은 책, p. 496(中, pp. 61~62).

고 비판하는데, 우리에게 문제는 오히려 방금 인용한 문장에도 명확하게 나타나고 있는 그의 '유럽중심주의'에 대한 견해일 것이다. 실제로 『법의 정신』이 동시대 사상계에 가장 큰 영향을 끼친 이유는 흑인노예제 문제 때문이 아니라, '유럽의 자유'와 대비되는 정치 형태로서의 '아시아의 전제국가'에 대한 비판 때문이었다.

앞서 본 「흑인노예제에 관하여」에 이은 제6장 「노예제에 관한 권리의 진정한 기원」에서 몽테스키외는 다음과 같이 논하고 있다.

> 무릇 전제정체(專制政體; gouvernement despotique)하에서는 사람은 매우 용이하게 몸을 판다. 거기서는 정치적 노예제(l'esclavage politique)가 모종의 방식으로 공민적 자유를 무로 돌아가게끔 하고 있는 것이다./페리 씨는 모스크바(러시아)인들은 극히 안이하게 몸을 판다고 말하고 있다(진 페리, 『대러시아의 상태』, 파리, 1717). 나는 그 이유를 잘 안다. 이는 그들의 자유가 아무런 값어치가 없기 때문이다./아킴(수마트라섬의 아체)에서는 누구나가 몸을 팔고 싶어 한다(윌리엄 댐피어, 『최신세계주항기』, 제3권, 암스테르담, 1917). (중략) 이러한 나라들에서는 자유인도 정부에 대해 너무나 무력하기 때문에, 정부에 대항하여 권력을 휘두르고 있는 사람들의 노예가 되기를 원하는 것이다.[19]

몽테스키외에 의하면 이러한 '정치적 노예제'의 전형이 '아시아의 전제정치'(depotisme de l'Asie)[20]이며, 그것을 예증하기 위한 자료는 페르시아제국

---

19 같은 책, p. 495(中, p. 60).

이나 터키제국뿐만이 아니라 무갈제국이나 중국 나아가 일본으로부터도 수집하고 있다. 일본에 관해서는 그는 이렇게 쓰고 있다.

> 눈을 일본으로 돌려보자./거기서는 거의 모든 죄는 죽음에 의해 벌을 받는다. 왜냐하면 위대한 일본의 황제에게 복종하지 않는 것은 엄청난 죄이기 때문에. 죄인을 교정하는 것이 아니라, 군공의 보복으로 처리하게 된다. 이러한 관념은 예속 상태(servitude)로부터 도출된 것으로서, 특히 황제가 일체의 재산의 소유자이기 때문에, 거의 모든 죄가 직접 황제의 이익에 반하게 된다는 사정으로부터 발생한다.[21]

이것이 18세기 중반 에도(江戸)시대의 일본에 해당되는가에 대해서는 많은 의문이 있으나, 『법의 정신』에 붙여진 원주(原註)를 보면 일본에 관한 정보 출처로서 사용되고 있는 것은, 나가사키 데지마(長崎 出島)에 체류하였던 홀란드 동인도회사의 독일인 의사 엥겔베르트 캠펠(1651~1716)의 『일본지』(日本誌)뿐이다. 그는 『일본의 역사와 묘사』(*Geschichte und Beschreibung von Japan*)라는 독일어 초고를 남기고 죽었는데, 그 후 이 초고는 영역되어 『일본지』(*History of Japan*)로서 1727년에 런던에서 출판되었다. 몽테스키외가 인용한 것은 1729년에 출판된 그 프랑스어 번역판이다.[22]

---

20 같은 책, p. 398(上, p. 293).

21 같은 책, p. 322(上, pp. 180~181).

22 ケンペル, エンゲルベルト,『日本誌—日本の歴史と紀行』(上, 下), 今井正編訳, 改訂·増補版, 霞ケ関出版, 1989 참조.

몽테스키외가 특히 아시아(혹은 동양)를 거명하는 것은, '정치적 노예제'와 '가족적 통치'의 파생물로서 '사유(私有)노예제'와 '여성의 예종'이 동시에 발견되기 때문이었다. "전제정치의 나라들에서는 사람들은 이미 정치적 예속 상태에 있기 때문에, 사유노예제(l'esclavage civil)는 다른 나라에서보다도 인내하기 쉽다. 거기에서는 각자 자기 생활의 양식과 생명을 유지하는 것만으로 충분히 만족해야 한다."[23] 나아가 또한 "여성의 예종은 일체의 것을 남용하기를 좋아하는 전제정체(專制政體)의 정수(精髓)에 지극히 적합해 있다. 이리하여 또, 사람들은 아시아에서 모든 시대에 가내예종(la servitude domestique)과 전제정체는 함께 진행된다는 것을 목격해 온 것이다."[24]

이와 같이 '정치적 노예제'와 '사유노예제' 나아가 '가내예종'을 중층시키는 아시아의 전제국가가, '참으로 다행히도 노예제가 폐지된 유럽의 나라들'과 비교되면서 비판 대상이 되고 있지만, 그러나 18세기 중반 시점에서는 '유럽의 나라들'은 아직 아메리카(서인도)에서 흑인노예제를 유지하고 있는 것이다. 이는 자신과는 관계가 없는 문제인가. 문제는 '아프리카인' 측에 있는 것인가.

아프리카인에 관해서는 몽테스키외는 다른 곳에서 이렇게 서술하고 있다.

23 Montesquieu, *De l'esprit des loi*, p. 490(野田良之他訳, 『法の精神』, 中, p. 52).
24 같은 책, pp. 514~515(中, p. 92).

아프리카 연안의 제 민족 대부분은 미개 또는 야만스럽다. (중략) 그들에게는 산업이 없으며 기예(技藝)도 없다. 그들은 자연의 품속으로부터 직접 손에 넣은 귀금속을 풍족하게 갖고 있다. 그 때문에 문명화한 모든 제 민족(les peuples policés)은 그들과 유리한 거래를 할 수 있다. 문명화된 제 민족은 그들로 하여금 무가치한 것을 높게 평가하게 만들고 그로부터 매우 큰 대가를 받을 수 있다.[25]

앞서 본 「흑인노예제에 관하여」라는 장에서 몽테스키외는 '흑인이 상식을 갖고 있지 않은' 것의 예로서 그들이 '금보다도 유리 목걸이를 귀한 것으로 여기는' 사실에 언급하고 있었다. 여기서 몽테스키외는 그와 같은 '상식의 결여'를 이용함으로써 유럽인은 '유리 목걸이'와 교환으로 금을 손에 넣을 수 있으며, 이는 '유리한 거래'라고 단정짓고 있다.

이 문장은 (앞서 지적한) 「흑인노예제에 관하여」에서의 서술과는 달리 가정법을 쓰면서 비꼬고 있는 것은 아니다. 이는 명백히 몽테스키외 자신의 생각을 표명한 부분이다. 그렇다고 한다면 흑인의 무지에 파고들어 그들을 사기적으로 이용하는 것에 아무런 거리낌이 없는 몽테스키외가, 흑인노예제에 대해서도 명확한 비판을 하지 않았던 것은 오히려 당연한 결과이다.

---

25 같은 책, pp. 602~603(中, p. 226).

3. 루소의 몽테스키외 비판

몽테스키외가 '아프리카 연안의 제 민족'으로 대표되는 '미개 또는 야만'스러운 민족에 비해 '문명 제 민족'의 지적·경제적 우위에 있다는 점을 강조한 부분에 대해, '미개'와 '문명'의 가치관을 역전시킴으로써 '미개'한 제 민족을 옹호한 사람이 장 자크 루소(Jean-Jacques Rousseau, 1712~1778)였다. 그는 『법의 정신』 출간 7년 후에 발표된 『인간불평등기원론』(1755)에서 "우리들에게 알려져 있는 대부분의 미개민족(peuples sauvages)이 도달해 있는 단계"[26]를 다음처럼 서술하고 있다.

> 이러한 인간능력의 발달 시기는 원시 상태의 무사태평함과 우리 자존심이 감당할 수 없는 활동과의 정확히 중간에 위치하여, 가장 행복하고 가장 영속적인 시기였음에 틀림없다. 이에 대해 곰곰히 생각하면 할수록 이 상태가 가장 혁명이 일어나기 어려운, 인간에게 가장 좋은 상태였다는 점, 또 인간은 공통의 이익을 위해서는 결코 일어나지 않는 것이 최선이며 무언가 흉측한 우연에 의하지 않고서는 이 상태를 벗어나려고 하지 않는다는 점이 발견된다. 미개인(l'homme sauvage)은 거의 대부분이 이 단계에서 발견되며, 그들의 실례(實例)는 인류가 영구히 이 지점에 머무르도록 만들어졌다는 점, 이 상태는 진정으로 세계의 청년기라는 점, 그리고 이후 일체의 진보는 표면상으로 그만큼 개체의

---

26 Jean-Jacques Rousseau, "Discours sur l'origine et les fendements de l'inégalité," *Rousseau: Œuvres complétes*, tome Ⅲ, p. 429(本田喜代治·平岡昇訳, 『人間不平等起原論』, 岩波文庫, 1972, p. 94).

완성을 향한 진행이면서도, 실제로는 그만큼 노쇠로의 진행이었음을 확증하고 있는 것처럼 생각된다.[27]

여기서 루소는 '문명화' 과정이 '노쇠로의 진행'이었다고 주장하고 있지만 단지 그것만이 아니다. 그에 의하면 농경의 개시로부터 시작하는 '문명화'란 바로 '노예제'의 성립에 다름 아니기 때문이다.

수확과 함께 노예제와 빈곤(l'esclavage et la misère)이 싹트고 성장하는 것이 나타났다./야금(冶金)과 농업이라는 두 가지 기술의 발명이 이러한 큰 혁명을 일으켰다. 인간을 문명화(civilisé)하고 인류를 타락시킨 것은, 시인으로서 본다면 금과 은이지만, 철학자로서 본다면 철과 밀이다.[28]

여기서 루소가 '문명화'라는 말로 가리키고 있는 것은, 역사적으로 보면 고대 그리스에서의 도시국가 성립과 그것을 지탱한 가내노예제이지만, 루소에게 노예제의 의미는 그뿐만이 아니다. 그에게는 그것이야말로 '사회 및 법률의 기원'이기 때문이다. 그는 이렇게 이어 말한다.

이 사회와 법률이 약자에게는 새로운 굴레를, 부유한 자에게는 새로운 힘을 부여하여 자연의 자유를 영원히 파괴해 버리고, 사유제와 불평등의 법률을 영구히 고정시키고, 교묘한 찬탈에 의해 취소할 수 없는 권리로 만들고, 소수 야

---

27 같은 책, p. 171(pp. 95~96).
28 같은 책, p. 171(pp. 96~97).

심가의 이익을 위하여 이후 전 인류를 노동과 예속(la servitude)과 빈곤에 굴복시켰다.[29]

이러한 의미에서의 '노예제'와 '예속'은 바로 현재의 유럽에서도 여전히 존속하고 있다는 것이 루소의 비판이었다. 따라서 그는 "참으로 다행히도 노예제가 폐지된 유럽의 나라들"을 찬양하는 『법의 정신』의 몽테스키외와는 정반대 위치에 있다고 할 수 있다.

1762년의 『사회계약론』에서도 루소는 다음과 같이 단언하고 있다.

영국 인민은 자유롭다고 생각하고 있으나, 그것은 큰 잘못이다. 그들이 자유로운 것은 의원을 선거하는 동안에만 그러하며, 의원이 일단 뽑히고 나면 영국 인민은 노예(esclave)가 되어 무로 돌아가 버리는 것이다.[30]

입법권을 갖는 의회가 존재하고 의원의 선거제도가 있는 영국에서조차 인민은 선거기간을 제외하면 '노예'라고 한다면, 그 이외의 유럽 국가들 특히 부르봉왕조 지배하의 프랑스왕국은 당연히 그보다도 못한 것이 된다.

---

29 같은 책, p. 178(p. 106).

30 Jean-Jacques Rousseau, *Du Contrat Social*, in: *Rousseau: Œuvres complètes*, tome Ⅲ, Paris: Gallimard, 1964, p. 170(桑原武夫·前川貞次郎訳, 『社会契約論』, 岩波文庫, 1954, p. 133).

뭐라고! 자유는 노예(la servitude)의 도움이 없으면 유지되지 않는다고? 아마도 그럴 것이다. 양극단은 서로 접한다. 자연 속에 존재하지 않는 것들에는 모두 불편함이 따라다니며 시민사회는 특히 그렇다. 거기에는 타인의 자유를 희생하지 않고서는 자유를 유지할 수 없으며, 시민이 완전히 자유롭기 위해서는 노예(l'esclave)는 극단적으로 노예적(esclave)이지 않으면 안된다는 불행한 상황이 있다. 그것이 스파르타의 상황이었다. 여러분 같은 근대인은 노예를 전혀 갖고 있지 않지만, 여러분 자신이 노예인 것이다. 여러분들은 본인의 자유를 팔아서 노예의 자유를 사고 있는 것이다.[31]

여기에서 명백하게 드러나듯이 루소는 '노예제'라는 말을 정치적 자유의 결여태(缺如態)로서의 '정치적 노예제=정치적 예속'의 의미로 사용하고 있다. 그 점에서는 몽테스키외를 따르고 있는 것이다. 그러나 몽테스키외가 이 개념을 아시아의 '전제국가'를 비판하기 위해서 만들어 낸 것에 비하면 루소는 이를 다름 아닌 유럽에 현존하는 '전제국가'를 비판하기 위해 사용한 것이었다. 그런 의미에서 『불평등기원론』도 『사회계약론』도, 『법의 정신』에 대해 정면으로 비판하는 것이지만, 이는 거꾸로 몽테스키외의 '정치적 노예제' 개념이 얼마나 큰 영향력을 가지고 있는가를 나타내고 있다고 할 수 있다. 그러나 그 결과, 동시대의 흑인노예제 문제는 '정치적 노예제'의 그림자에 가려져 간과되어 버리고 만 것이다.

---

31 같은 책, p. 431(pp. 135~136).

4. 볼테르의 노예제 비판

이러한 흑인노예제 문제에 다시금 커다란 빛을 던진 사람이 볼테르, 본명 프랑수아 마리 아루에(François-Marie Arouet, 1694~1778)이며, 1759년에 출판된 그의 소설 『캉디드 혹은 최선설(最善說; 낙관주의-역주)』이었다.

이 희극소설의 주인공 캉디드는 독일의 베스트팔리아(베스트팔렌) 출신의 귀족 청년이었는데, 리스본의 대지진(1755)이나 프로이센과 오스트리아의 7년전쟁에 조우하여 수많은 고난을 겪으면서 모로코에서 남미 파라과이로 건너가 과거 잉카제국의 후예의 땅 엘도라도를 거쳐 수리남(네덜란드령 기아나)에 도착한다.

이 수리남에서 캉디드와 카캄보(캉디드가 스페인 카디스로부터 데려온 종복)는 한 흑인노예와 만나게 된다. "두 사람이 마을에 다가오자 땅바닥에 누워 있는 한 명의 흑인(un nègre)과 만났다. 흑인은 푸른색 반바지를 입고 있을 뿐 상반신은 벌거벗은 상태이다. 그리고 불쌍하게도 왼발과 오른손이 없다."[32] 캉디드가 '네덜란드어로' 흑인에게 그 이유를 묻자 그는 다음과 같이 대답하였다.

---

32 François-Marie Arouet Voltaire, *Candide ou l'optimisme*, in: Voltaire, *Romans et contes*, édition établie par Frédéric Deloffre et Jacques van den Heuvel, Paris: Gallimard, 1979, p. 192(斎藤悦則夫訳, 『カンディード』, 光文社古典新訳文庫, 2015, p. 121).

1년에 두 번 이런 반바지가 한 벌 지급됩니다만 우리가 입을 수 있는 것은 이 반바지뿐입니다. 설탕을 만드는 공장(sucreries)에서 일하고 있어, 기계에 손가락이 끼면 괴사(壞死)하여 손을 잘리게 됩니다. 도망치려 시도하면 발을 잘리는 벌을 받게 됩니다. 저는 그 두 가지를 당했습니다. 유럽에 계신 분들은 우리가 이런 일을 당하는 덕분에 설탕을 먹을 수 있는 것이죠. (중략) 우리 노예에 비한다면 개나 원숭이나 앵무새 쪽이 훨씬 행복하지요. 저를 개종시킨 네덜란드 목사는 일요일마다 우리들에게 백인도 흑인도(blancs et noirs) 모두 아담의 자손이라고 말합니다. 저는 저의 혈통 따위는 전혀 모릅니다만 만약 저 설교사의 말이 진실이라면, 우리는 모두 형제라고 할 수 있겠죠. 그렇다면 왜 형제인데 상대를 이리도 가혹하게 대하는 건가요. 나리, 어떻게 생각하시나요. 이런 일이 있어도 좋은 건가요.[33]

이 설명을 들은 캉디드는 다음과 같은 반응을 보인다. 여기가 이 소설의 절정을 이루는 부분이다. 리스본의 대지진이나 7년전쟁 전쟁터의 비참함을 눈앞에 생생히 보고서도 여전히 믿고 있었던 '최선설'을 주인공이 드디어 포기하는 장면이기 때문이다.

'오오 팡글로스여' 캉디드는 외쳤다. '당신은 이 세계에 이렇게도 끔찍한 일들이 존재한다는 것을 간파하지 못하였어. 여기서 최후의 일격을 당하게 된 거지. 나는 당신의 최선설(optimisme)을 드디어 여기서 버릴 수밖에 없네'/'최선설이라는 게 뭐에요' 카캄보가 물었다./'아아 그건 말이야' 캉디드가 답하였다. '모든 것이

---

33 같은 책, pp. 192~193(pp. 122~123).

최악일 때에도, 이것이 최선이라고 우기는 집념을 가리키지'/그렇게 말하며 캉디드는 흑인노예(son nègre)를 보면서 눈물을 흘리는 것이었다. 그리고 울면서 수리남의 마을로 들어갔다.[34]

이 장면의 무대가 되었던 수리남은 남아메리카의 북동해안 기아나 지방에 위치한다. 기아나 지방에는 17세기 이래 네덜란드인, 영국인, 프랑스인이 입식하고 있었는데, 제2차 영란(英蘭)전쟁의 결과 1667년에 체결된 브레다조약(Treaty of Breda)에 의해 네덜란드는 북아메리카 북동부에 건설하였던 입식지 뉴암스테르담을 영국에 양도하는 대신에, 수리남의 영유권을 확보하였다. 한편, 양도된 뉴암스테르담은 영국령으로 되어 뉴욕으로 이름을 바꾸게 된다.

참고로 현재는 기아나 지방 중, 구 영국령 기아나(나폴레옹전쟁 후 영국이 네덜란드로부터 획득한 서부지방)가 가이아나공화국, 구 네덜란드령 수리남이 수리남공화국으로서 독립하였는데, 프랑스령 기아나는 그대로 프랑스의 해외 주(州) 귀얀(Guyane)주로 남아 있다.

네덜란드인은 수리남에서 흑인노예를 부리면서 사탕수수 플랜테이션을 경영하고 설탕 정제공장을 가동하고 있었다. 그 실태를 볼테르는 고발한 것이다. 다만 프랑스도 17세기 후반 이후 카리브해의 프랑스령 식민지 생도맹그(Saint-Domingue, 현 아이티)에 사탕수수나 커피 플랜테이션

---

34 같은 책, p. 193(p. 123).

을 건설하여 흑인노예를 사용하고 있었다. 그러나 볼테르는 그에 대해서는 언급하고 있지 않다. 애초에 캉디드는 독일인으로서 '네덜란드어'도 말할 수 있다는 설정이며 프랑스인은 아니기 때문에, 생도맹그가 등장하지 않는 것은 부자연스럽지는 않다.

이 소설에 등장하는 수리남의 흑인노예는 '설탕을 만드는 공장(sucreries)에서 일하고 있으며 기계에 손가락이 끼는' 경험에 대해 말하고 있다. 인류학자 시드니 민츠(Sidney W. Mintz)가 지적한 바 있는데, 이 시대의 사탕수수 플랜테이션에서의 노예노동은 재배작물의 밭일 노동, 설탕의 제조·가공 노동, 나아가 노예왕의 저택과 플랜테이션 유지에 관련한 가내노동 부분 등 다양한 노동이 복합된 것으로서, 플랜테이션 자체가 18세기 말 이후 유럽에서 성립하는 '공장'(factory) 제도의 '초기 형태'라고 할 수 있는 것이었다.[35]

볼테르의 이 소설은 프랑스에서 "금서가 됨으로써 책의 평판이 높아져 당시 베스트셀러가 되었다. 『캉디드』는 출판된 첫해에만 2만 부라는 당시로서는 경이적인 매출을 올렸다"[36]고 한다.

볼테르는 그 후 또 한번 노예제에 언급하고 있다. 1771년에 출판된 저서 『백과전서에 대한 의문』에 수록된 소론 「노예」(Esclaves)이다. 이는 『백

35 Sidney Wilfred Mintz, *Sweetness and Power: the Place of Sugar in Modern History*, New York: Penguin Books, 1986, pp. 46~47(川北稔·和田光弘訳, 『甘さと権力—砂糖が語る近代史』, 平凡社, 1988, pp. 110~111).

36 保苅瑞穂, 『ヴォルテールの世紀—精神の自由への軌跡』, 岩波書店, 2009, p. 159.

과전서』의 항목논문 「노예제」에 대해 비판하기 위해 쓰여진 것으로서 볼테르 사후에 출판된 『전집』에서는, 저서 『철학사전』(초판(1764)~제5판(1769))에 대한 「추가보완」이라는 형태로 수록되어 있다. 이에 대해서는 조금 설명이 필요할 것이다.

1751년에 출판이 개시된 드니 디드로(Denis Diderot, 1713~1784)와 장 르롱 달랑베르(Jean-Baptiste Le Rond d'Alembert, 1717~1783)의 『백과전서』에는 제5권(1759)에 「노예제」(Esclavage)라는 항목이 수록되어 있다. 집필자는 의사이며 계몽사상가인 루이 드 조쿠르(Louis chevalier de Jaucourt, 1704~1779)로서, 그는 『백과전서』의 항목 중 약 4분의 1을 집필하여 『백과전서』의 완성에 공헌한 인물이다.

6페이지에 걸친 이 항목논문은 전반부에서 고대 그리스와 로마, 그리고 고대 게르만의 노예제에 관해 설명한 후, 후반부에서는 몽테스키외의 이름을 들어 『법의 정신』으로부터 인용하면서 주로 '동양'(Orient)의 '정치적 노예제'와 '전제국가'에 관한 논의를 소개하고 있다. 그리고 '동양'을 염두에 두면서 "힘에 의해, 폭력에 의해, 그리고 일정한 풍토하에서는 과도한 예속(servitude)에 의해 설립된 노예제는 이 세계에서 영속할 수는 없다"[37]고 하는 것이 조쿠르의 결론이었다. 그러나 그는 몽테스키외의

37 Louis de Joucourt, "Esclavage," Encyclopédie, *ou dictionnaire raisonné des sciences, des arts et des métiers*, tome 5, par Denis Diderot et Jean le Rond d'Alembert, Paris: Briasson, David, Le Breton et Durand, 1759, p. 939.

「흑인노예제」론에 대해서는 한마디도 언급하지 않고 있다.

그와 같은 조쿠르의 「노예제」론에 대해서 볼테르의 항목논문 「노예」는, 『백과전서』가 언급하려고 하지 않았던 동시대의 아메리카 노예제에 대하여 다음과 같이 구체적으로 설명하고 있다.

> 회교도(=이슬람교도)의 아프리카인과 기독교도의 유럽인 사이에는 해상에서 조우하는 자는 모두 겁략(劫掠)하여 노예로 만드는 습관이 항상 존속하였다. 그들은 서로 습격하는 맹금이다. 알제리인, 모로코인, 튀니지인은 해적으로서 살아가고 있다. 로도스섬의 수도승을 계승한 몰타섬의 수도승들은 그들이 만나는 모든 회교도를 겁탈하여 쇠사슬에 묶겠다고 맹세하고 있다. (로마) 교황의 갤리선은 아프리카의 북방 해안에 진출하여 알제리인을 포획하거나 혹은 포획당한다. 백인(blancs)이라고 칭하는 자가 니그로(nègres)를 싸게 구매하고 아메리카에 비싸게 전매하는 것이다. 펜실베이니아인만이 이 염치없어 보이는 거래를 극히 최근에서야 엄중하게 여겨 단념하고 있다.[38]

갤리(galley)선이란 지중해를 중심으로 사용된 군용선으로서 다수의 노를 노예나 죄수에게 젓게 하여 항행하는 배였다. 노예를 포획하는 데에도 노예가 필요하였던 것이다. 이처럼 '염치없는' 흑인노예무역에 대한 비아냥에 이어서, 볼테르는 앞에서 인용한 몽테스키외의 흑인노예제에

---

38 François-Marie Arouet Voltaire, "Esclavage," *Œuvres de Voltaire* éd., par M. Beuchot, Tome ⅩⅩⅨ, Paris: Lefèvre, 1829, p. 201(高橋安光訳, 『哲学辞典』, 法政大学出版局, 1988, p. 462).

대한 언급과 아시아의 '정치적 노예제'론을 다음과 같이 전면적으로 비판하고 있다.

> 『법의 정신』의 저자는 몰리에르풍의 필치로 니그로의 노예제(l'esclavage des Nègres)를 묘사한 후에 다음과 같이 주장하고 있다./"페리 씨는 말하였다. 모스크바인은 너무 쉽게 자기의 몸을 판다고. 나는 그 이유를 잘 안다. 그것은 그들의 자유가 아무런 가치가 없다는 것을 말한다."/1714년에 『러시아의 현상』(『대러시아의 상태』)을 저술한 영국인 진 페리 대장은, 『법의 정신』의 저자가 그에게 말하게 한 사실에 대해서는 한마디의 서술도 하지 않고 있다. 페리 씨의 저서 속에는 러시아의 노예제에 관한 서술은 몇 줄밖에 없다. 그것은 다음과 같은 것이다. "황제의 명령에 의해서 장래 어떠한 사람도 황제의 고룹(golup) 혹은 노예로 칭하지 말고, 오직 신하라는 의미의 라브(raab)로 칭하게 되었다. 이 민족이 이로부터 아무런 실질적 이익을 끄집어내지 못하였던 것은 진실이다. 왜냐하면 그들은 지금도 실제로 노예이기 때문이다."/『법의 정신』의 저자는 덧붙인다. "윌리엄 댐피어의 이야기에 의하면, 아킴왕국에서는 누구나 몸을 팔고 싶어 한다"고. 그것은 기묘한 교역이다. 『댐피어의 여행』 속에는 그런 생각과 비슷한 지적은 발견되지 않았다. 그처럼 재기 넘치는 사람이 이런 일을 하다니, 그것도 이토록 여러 번 잘못된 인용을 하다니 아쉬울 뿐이다.[39]

이렇게 볼테르는 몽테스키외의 '아시아적 전제국가=정치적 노예제'론을 실증적 근거가 없는 논의로서 부정하고, 그에 대해 '백인'이 아프리

---

39 같은 책, pp. 204~205(pp. 464~465).

카 해안에서 '니그로'를 싸게 사들여 아메리카에 '비싸게 전매'하는 대서양 삼각무역의 실태를 명확히 인식한 후, 그러한 동시대 인식이 몽테스키외나 『백과전서』의 집필자에게 결여되어 있는 점을 명확하게 비판한 것이다.

제2장

노예노동의 경제학

_ 애덤 스미스

1. 노예무역의 자유화
2. 스미스와 볼테르
3. 노예노동의 비용 대 효과
4. '노동빈민'으로서의 '자유로운' 노동자

1. 노예무역의 자유화

프랑스 계몽사상가들이 노예제와 정치적 자유에 관해 논하기 시작할 무렵, 영국에서는 이미 노예제와 자유를 둘러싼 다른 의미에서의 논쟁이 전개되고 있었다. 그것은 노예무역의 '자유화'를 둘러싼 논쟁이었다. 영국령 카리브해 식민지에서는 17세기 후반에 노예 수입이 급증한 점, 그리고 '자유주의자'인 로크 자신이 '왕립 아프리카 무역상인회사'(Company of Royal Adventurers Trading to Africa)에 출자하고 있었던 점은 앞 장의 제1절에서 보았던 대로이다.

그 '왕립 아프리카 무역상인회사'는 1660년에 설립된 칙허(勅許)회사로서, 당초 목적은 아프리카 서해 연안의 교역을 독점하고 특히 금을 손에 넣는 일이었다. 그런데 1663년에 노예무역이 추가되었으며 나아가 1672년에는 '왕립 아프리카회사'(Royal African Company)라는 이름으로 재편되어, 그 이후 영국의 노예무역을 독점하는 존재가 되었다. 그에 대해서 최초는 브리스틀, 후에는 리버풀의 무역상인이 노예무역의 '자유화'를 요구하며 운동한 결과 1698년 왕립 아프리카회사의 독점은 폐지되기에 이른다.[1] 그래도 18세기 중엽까지 왕립 아프리카회사가 노예무역의 중요한 담당자였다는 사실에는 변함이 없다.

---

1 井野瀬久美恵, 『興亡の世界史16 大英帝国という経験』, 講談社, 2007, pp. 138~145.

이 노예무역을 중요한 하나의 축으로 구성된 것이 영국과 아프리카와 아메리카를 연결하는 대서양 삼각무역이다. 에릭 윌리엄스의 명쾌한 설명을 인용하고자 한다. "삼각무역은 영국의 산업에 3중의 자극을 주었다. 흑인(the Negroes)은 영국의 제조품에 의해 구입되어 플랜테이션으로 수송되었다. 그들은 설탕, 면화, 인디고(indigo), 사탕수수 등의 열대산물(熱帶産物)을 만들고, 이들 산물을 제품화하는 과정에서 영국에 새로운 산업이 발흥하였다. 한편 흑인과 그 주인의 생활유지품 구입을 위해 플랜테이션은 영국의 산업, 뉴잉글랜드의 농업, 뉴펀들랜드(Newfoundland)의 어업에 있어 새로운 시장이 되었다. 1750년까지 잉글랜드에는 어떠한 형태로든 삼각무역 또는 식민지와의 직접무역과 무관한 무역도시나 제조업도시는 거의 없었다. 이들에 의해 얻어진 이윤은 산업혁명의 자금을 조달하게 되는, 잉글랜드에서 자본축적의 본류 가운데 하나가 되었다."[2]

이와 같은 상황 속에서 노예무역 독점의 폐지로 민간업자와 자유경쟁에 노출된 왕립 아프리카회사의 입장에서, 새삼 노예무역에서 회사의 중요성을 강조한 사람은 왕립 아프리카회사에 근무하는 마라카이 포슬스웨이트(1707경~1767)였다. 그는 1745년에 출판한 소책자 『아프리카 무역—아메리카의 영국령 플랜테이션 무역의 위대한 지주(支柱)』에서, 프랑

---

2 Eric Eustace Williams, *Capitalism & Slavery*, with a New introduction by Colin A. Palmer, Chapel Hill: The University of North Carolina Press, 1994, p. 52(山本伸監訳, 『資本主義と奴隷制—経済史から見た黒人奴隷制の発生と崩壊』, 明石書店, 2004, p. 92).

스와 네덜란드를 '우리의 위험한 경쟁상대'라고 지적한 후, 노예무역을 '자유화'하여 이 회사의 독점 특권을 폐지한 영국의 국가정책을 다음과 같이 비판하고 있다.

> 그렇기 때문에 우리의 아프리카 무역은 과거 몇 년이나 걸쳐서 무시되고 쇠퇴한 상태로 방치되어 온 한편, 우리의 적이 아프리카의 기초(foundation) 위에 선 아메리카의 상업과 해군력이라는 장대한 상부구조(a magnificent superstructure)를 수립하고 있는 사실은 이상하게 여겨야 하지 않는가? (중략) 플랜테이션과 아프리카 무역의 필연적인 결합과 상호 의존을 고려한다면, 또 한쪽은 다른 한쪽 없이는 존속할 수 없음을 고려한다면 프랑스의 일반원칙이 얼마나 강력하고 명백한가를 우리는 깨닫게 된다.[3]

아프리카라는 '기초=토대' 위에 우뚝 솟은, 아메리카 식민지의 번영이라는 '상부구조'. 사회의 구조를 '기초=토대'와 '상부구조'라는 건축용어를 사용해 설명하는 수사법은, 17세기의 잉글랜드혁명(소위 퓨리턴혁명)에서 혁명정부의 일원이었던 제임스 해링턴(1611~1677)의 저서 『오시아나 공화국』(1656)에서도 보이는 것인데, 포슬스웨이트 이후 얼마 되지 않아 애덤 퍼거슨(1723~1816)이 『시민사회사론』(市民社會史論, 1767)에서 사용한다. '토대/상부구조'론이라고 하면 마르크스의 『경제학비판』(1859)이 유명하나, 사회를 '구조'라고 한다면, 건축에 비유하는 것은 결코 특별한 생

---

3 Malachy Postlethwayt, *The African Trade: The Great Pillar and Support of the British Plantation Trade in America*, & c., London: J. Robinson, 1745, pp. 4~5.

각이 아니다.[4]

이 경우, 아프리카가 '기초=토대'라는 의미는 흑인노예제 없이는 플랜테이션이 성립하지 못한다는 것을 말한다. 포슬스웨이트는 이렇게 이어 말하고 있다.

> 그러나 우리 브리튼인의 식민지에서도 프랑스인의 식민지에서도 똑같이 식민지라는 비즈니스는 아프리카로부터 수입된 흑인(negroes)의 노동에 의해 수행되고 있다는 점은 주지하는 바가 아닐까?[5]

포슬스웨이트는 '흑인의 노동'이라는 말을 자주 사용하며, 교묘히 '노예'라는 말을 사용하지 않으려 하고 있으나, '흑인무역'(Negro Trade)이라는 말은 사용하고 있다. 다시 말해 흑인이 매매되는 '상품'이라는 점은 당연한 전제인 것이다.

> 그러나 만약 흑인무역 전체가 우리 라이벌의 수중에 들어가고, 우리 식민지가 백인(white men)의 노동에 의존하여 그들에게 장소를 제공하는 일이라도 생긴다면, 식민지는 머지않아 파멸하거나 혹은 잉글랜드의 왕관에 대한 의존을 뒤흔들 것이다.[6]

---

4 상세한 점은, 植村邦彦, 『マルクスのアクチュアリティ―マルクスを再読する意味』, 新泉社, 2006, 第4章「社会の建築術―<土台と上部構造>という隠喩の系譜」를 참조 바람.

5 Malachy Postlethwayt, *The African Trade: The Great Pillar and Support of the British Plantation Trade in America*, & c., p. 6.

네덜란드와 프랑스에 의해 영국의 흑인무역이 괴멸한다고 하는 사태가 어떠한 근거로 실제로 있을 수 있다고 상정하는지는 잘 모르겠다. 그러나 '식민지가 백인의 노동에 의존'하게 된다면 '식민지는 파멸'한다는 것은 흑인노예제가, 따라서 흑인노예무역이 얼마나 필요한지를 강조하기 위한 레토릭(rhetoric)이라고 보아도 무방할 것이다.

이미 노예무역이 '자유화'되어 브리스틀이나 리버풀의 무역상인이 노예무역에 참여하고 있는 이 단계에서는, 포슬스웨이트는 물론 톱니바퀴를 역전시켜서 '자유화'의 철회를 요구하는 일은 없다. "아프리카와의 무역은 영국 국왕 폐하의 신민 모두에게 앞으로도 자유롭게 열려 있어야 한다"[7]는 점은 인정하고 있다. 그 전제 위에서 그가 이 소책자에서 요구하는 것은, 프랑스나 네덜란드에 패하지 않도록 다시금 국책으로서 왕립 아프리카회사를 지원할 것, 구체적으로는 이제까지의 왕립 아프리카회사의 지출에 상응하는 재정지원을 실행하는 일이라든가, 회사의 요새나 입식지(入植地)의 유지비용을 국가가 지원하는 일이다.[8] 그리고 마지막으로 그는 다음과 같이 결론짓는다.

> 흑인의 노동에 의해 우리의 아메리카 식민지가 우리 왕국에 얼마만큼의 이익을

---

6 같은 책, p. 14.
7 같은 책, p. 32.
8 같은 책, p. 33.

> 가져다주는지는 통상식민위원회의 위원 여러분에 의해 명백하게 밝혀졌다. 그 점은 의심할 여지가 없지만, 그들은 아프리카 무역의 성질과 중요성에 관한 필요한 모든 정보를 갖고 있으므로 그들의 보고서가 하원(下院)에 제출되기를 요망한다. 그 보고서는 (왕립 아프리카)회사 측이 이 무역을 효과적으로 뒷받침할 수 있게끔 만드는 일이 반드시 필요하다는 점을 매우 충분하고 특별하게 증명할 것이다. 이 아프리카 무역에 대해 회사는 지금까지 그들 자신이 우리의 플랜테이션 무역 전체의 최대 버팀목을 이루고 있다고 설명해 왔던 것이다.[9]

포슬스웨이트는 1745년 시점에서는 이처럼 노예무역에 대해 영국이 프랑스나 네덜란드에 밀려서 충분한 수의 흑인노예를 공급할 수 없게 될 우려를 강조하고, '식민지가 백인의 노동에 의존'하게 된다면 '식민지는 머지않아 파멸된다'고 단언하고 있었다. 그러나 그는 그 후 조금 생각을 바꾼 것처럼 보인다.

포슬스웨이트는 1751년과 1754년에 『무역상업종합사전』(전 2권)을 출판하였다. 이는 1723년부터 출판이 개시된 프랑스의 자크 사바리 데 부루온 편, 『상업종합사전』(*Dictionnaire universel de commerce*)을 번역한 것이었는데, 호평을 얻어 1757년에 제2판이 나온 후, 1766년에는 독자적으로 대폭 증보개정한 제3판, 1774년에는 제4판으로 판을 거듭하였다.

이 사전의 제1권에 수록된 「아메리카」(America)라는 항목에는 다음과 같은 기술이 있다. 인용한 것은 1774년의 제4판인데 이상하게도 이 사전

9 같은 책, p. 43.

에는 페이지 수가 적혀 있지 않다. 항목 「아메리카」의 4페이지 우측에 있는 문장이다.

> 아메리카, 더 한정한다면 (카리브해의) 섬들은 아프리카에 크게 의존하고 있는 것이며, 아프리카는 그 섬들의 훌륭한 플랜테이션에서 노예제(slavery)를 실시하기 위해서, 거기에 관계하는 몇몇 강국에 흑인(negroes)을 공급하고 있다. 스페인인과 포르투갈인에게 있어 흑인(Blacks)은 그들의 금, 은, 다이아몬드 광산에서 특히 쓸모가 있다. 그리고 그 섬들에서는 특히 유럽인은 그 노동을 견딜 수 없어서, 흑인(negroes)이 경험하는 것과 똑같은 기후에서는 피로로 인해 기진맥진해진다고 한다. (중략) 만약 유럽인이 흑인과 똑같이 착실하게 생활하도록 의무화되었다고 한다면, 유럽인도 흑인이 몇몇 플랜테이션 특히 프랑스의 설탕식민지에서 실시하고 있는 진정한 노예제(the real slavery)를 견딜 수 있게 되었을지도 모른다. 프랑스의 설탕식민지에서는 프랑스인들은 식민지를 가능한 한 빨리 번성시키기 위해, 흑인노예(negroe slaves)에게 가해지는 고통을 전혀 고려하지 않는다.[10]

여기서 포슬스웨이트는 유럽인은 플랜테이션의 가혹한 노동을 견딜 수 없다는 '통설'을 비판하면서 유럽인을 부리는 '노예제'의 가능성에 대해서도 언급하고 있는데, 그 부분은 가정법(假定法) 과거형으로 서술되어 있다. 현실로는 역시 흑인노예만이 '쓸모 있는'(useful) 노동력이었던 것

---

10 Malachy Postlethwayt, *The Universal Dictionary of Trade and Cpmmerce*, the fourth edition, vol. 1, London: H. Woodfall etc., 1774, "America".

이다. 이상에서 보았을 때, 노예무역의 '자유화'를 요구하여 그에 참여해 온 무역상인들에게도, 또 그에 대해 '왕립 아프리카회사'의 역할을 강조하는 측에게도, 식민지 경영에 관련한 흑인노예제의 경제적 필요성에 대해서는 이론의 여지가 없었다고 말할 수 있을 것이다.

이 포슬스웨이트의 『무역상업종합사전』 제3판(1766)이 애덤 스미스(1723~1790)의 장서 속에 남겨져 있다.[11] 이와 같은 당시의 흑인노예제 필요론에 대해서 경제학적 관점에서 이의를 제기한 것이 스미스의 『국부론』(1776)이었다.

2. 스미스와 볼테르

『국부론』을 쓰기 전에 스미스가 글래스고(Glasgow) 대학의 도덕철학 교수로서 처음으로 출판한 저서가 『도덕감정론』(1759)이다. 우연히도 볼테르의 『캉디드』와 같은 해에 출판된 이 저서에서, 스미스는 모두 7번 볼테르의 이름을 들고 있으며, 1747년의 역사극 『오를레앙의 처녀』[12]나

---

11 Hiroshi Mizuta, *Adam Smith's Library: A Catalogue*, Oxford: Clarendon Press, 2000, p. 203.

12 Adam Smith, *The Theory of Moral Sentiments*, edited by D. D. Raphael and A. L. Macfie, Oxford: Clarendon Press, 1976, p. 134(水田洋訳, 『道徳感情論』(上·下), 岩波文庫, 2003, 上, p. 414).

1755년의 「볼테르의 아름다운 비극 『중국의 고아』[13] 등의 작품에도 언급하고 있다.

그러한 사실로부터도 알 수 있듯이 스미스는 볼테르의 팬이었으며, 1748~1750년에 출판된 『볼테르 저작집』 전 9권을 소장하고 있었고, 그 후로도 1784~1785년에 출판된 『볼테르 저작집』 전 69권에 이르기까지 볼테르의 저작물은 거의 모두 구입하고 있었다.[14]

그리고 『캉디드』와 같은 해에 출판된 이 『도덕감정론』 초판 속에서 스미스도 흑인노예제에 대해서 비판적으로 언급하고 있다. 제5부 제2편 「도덕적 제 감각에 대한 관습과 유행의 영향에 관하여」 속에서 스미스는 '덕성'에 관한 일종의 문화적 상대주의를 전개하여, "모든 야만인(savage)은 일종의 스파르타적 훈련을 받는 것이며, 그의 처지의 필연성에 의해 모든 종류의 고난에 익숙해져 있다"[15]는 점을 논하고 있다. 그 이야기는 이렇게 계속된다.

> 죽음과 고문에 대한 이것과 동일한 경멸은, 다른 모든 미개 국민들(savage nations) 사이에서 지배적이다. 아프리카의 해안에서 온 흑인(a negro)들 중에 이 점에서 그들의 탐욕스런 주인의 혼(魂)이 거의 생각할 수 없을 정도의, 도량을 갖고 있지 않은 자는 한 사람도 없는 것이다. 그러한 영웅들로 구성된 제

---

13 같은 책, p. 227(下, p. 129).
14 Hiroshi Mizuta, *Adam Smith's Library: A Catalogue*, pp. 265~266.
15 Adam Smith, *The Theory of Moral Sentiments*, p. 205(水田洋訳, 『道徳感情論』 下, p. 77).

민족을 유럽의 뇌옥(牢獄)의 쓰레기들에게 종속시켰던 때보다도 잔혹하게, 운명의 여신이 인류에 대한 그녀의 지배를 행사한 적은 결코 없다. 즉, 그들이 나온 나라들의 여러 덕(德)도 그들이 가는 나라들의 여러 덕도 갖고 있지 않은 하찮은 사람들, 그리고 그 변덕스러움, 잔학성, 비열함이 정당한 형태로 패배자들의 경멸 앞에서 노출된 사람들에게 종속시켰던 때이다.[16]

스미스는 이처럼 '아프리카의 해안에서 온 흑인'을, 유럽인보다도 커다란 '도량'을 가진 '영웅'적인 민족이며, 그들을 소유하여 부리는 '탐욕스런 주인'보다도 '덕성' 면에서 훨씬 고귀한 존재로서 묘사하고 있다. 그런 의미에서는 스미스가 그리는 '흑인'은 아메리카 선주민 등과 더불어 소위 '고귀한 야만인'의 일원인 것이다.

그에 대해 흑인노예의 소유자 측은 '뇌옥의 쓰레기들', '여러 덕도 갖고 있지 않은 하찮은 사람들'이며, 그 특징은 '변덕스러움, 잔학성, 비열함'이라고 한다. 즉, 스미스는 여기서 볼테르와 마찬가지로 흑인노예제를 도덕적 견지에서 비판하고 있는 것이다.

스미스는 이 『도덕감정론』을 1790년의 제6판에 이르기까지 개정해 나갔으나, 흑인노예제를 언급한 이 부분은 그대로 유지되었다. 거꾸로 제6판에서는 '노예로 전락한 영웅'이라는 비극적 인물상에 고대의 그리스인이 덧붙여졌다. 스미스는 기원전 5세기의 펠로폰네소스 전쟁 이후 그리스의 공화국 간의 전쟁에서, 패배한 적을 '무엇보다도 비천한 상태,

---

16 같은 책, pp. 206~207(下, p. 81).

즉 가내노예의 상태'로 끌어내렸던 사실을 지적한 후 이어서 다음처럼 발한다.

> 아메리카의 미개인이 자기의 죽음에 임하여 부를 노래를 준비하고, 자기가 적의 손아귀에 들어가 그들에 의해 가장 오래 지속된 고문 속에서, 모든 구경꾼의 모욕과 조소의 한가운데에서 살해당할 때 어떤 행동을 보여야 할지를 고려하고 있듯이, 그리스의 애국자 또는 영웅은 종종 그들의 사고를, 추방이나 포로 혹은 노예의 신세로 전락하였을 때(when reduced to slavery), 고문을 당하거나 처형대에 끌려오게 되었을 때, 그들이 뒤집어써야 할 일과 해야 할 일의 양쪽을 고찰하는 데 집중할 수밖에 없었다.[17]

스미스가 이처럼 '아프리카의 해안에서 온 흑인'을 아메리카 선주민이나 고대 그리스의 '애국자 또는 영웅'과 어깨를 나란히 하는 고귀한 존재로 그리고 있는 것에 대해 반론을 시도한 인물이 있었다. 아메리카 버지니아 식민지 출신의 아더 리(1740~1792)이다. 이안 로스의 『애덤 스미스전』(1995)에 의하면 "그는 1764년에 에든버러에서 의학 박사학위를 취득하고 글래스고에서 스미스와 함께 하루를 지낸 적이 있다. 그는 한사코 스미스에 반론하고 싶어 『아메리카 식민지 옹호론』(런던, 1764)이라는 책에서, 아메리카 인디언과 아프리카인을 고귀한 미개인으로서 찬미하는 『도덕감정론』의 견해를 거부하고 동시에 아메리카의 노예주를 잔혹하다

17 같은 책, p. 282(下, p. 258).

고 하는 비난으로부터 면제시켰다."[18]

리의 책은 정확하게는 『「도덕감정론」에서의 애덤 스미스의 비난에 대한 아메리카 대륙 식민지 옹호론』이라는 제목의 소책자로서, 1764년에 런던에서 자비(自費) 출판되었다. 단, 익명을 사용하여 저자명은 '아메리카인'(an American)으로 되어 있다.

제목명이 '아메리카 대륙 식민지'(the continental colonies of America)의 옹호론으로 되어 있는 것은, 아메리카 대륙의 영국인 식민지의 노예제는 서인도제도(諸島)의 노예제와는 다르다는 점을 강조하기 위함이다. 저자는 "프랑스, 스페인, 포르투갈인 입식지의 노예는, 우리 식민지의 노예보다 엄격하게 취급되고 있다 하더라도, 한층 좋은 취급을 받고 있지는 않다"[19]는 사실, "서인도제도에서 노예는 매우 가혹한 노동에 시달리고 있다"[20]는 점을 인정하는 한편, '우리의 대륙 식민지'에서는 그렇지 않다고 주장하고 있는 것이다.

그렇게 지적한 후 저자는 앞서 인용한 『도덕감정론』의 10줄도 되지 않는 문장의 일자 일구에 대해서 다음과 같이 반론을 시도하고 있다. 제

---

18 Ian Simpson Ross, *The Life of Adam Smith*, Oxford: Clarendon Press, 1995, p. 178(篠原久·只腰親和·松原慶子訳, 『アダム·スミス伝』, シュプリンガー·フェアラーク東京, 2000, p. 192).

19 Arther Lee, *An Essay in Vindication of the Continental Colonies of America, from a Censure of Mr. Adam Smith, in His Theory of Moral Sentiments, With Some Reflections on Slavery in General, By an American*, London: Printed for the Author, 1764, p. iii.

20 같은 책, p. iv.

1의 반론은, 스미스의 저서에서 "칭찬과 공감의 대상으로 되어 있는 아프리카인 노예"는, "매우 빈틈없는 사기꾼에 걸맞을 정도"의 인간으로서 "그들은 거짓말을 하는 경향이 있으며, 어떤 경우에도 이 능력을 행사한다"[21]라는 인종차별적인 인격 비판이며, 제2의 반론은, 스미스가 "이제까지 누구도 입에 담지 않았을 정도로 신랄한 비방의 대상"으로 삼은 "버지니아, 메릴랜드, 캐롤라이나"의 "주민의 성격은 젠틀맨에 의해 부여된 것으로서 그 성실함과 지식에는 의문의 여지가 없다"[22]는 것이었다.

나아가 스코틀랜드에 유학한 버지니아인인 리는, 다음과 같은 흥미로운 감상을 기술하고 있다. 조금 길지만 그대로 인용하기로 한다.

> 이곳(아메리카 식민지)의 흑인노예가 매우 야만적인 취급을 받고 있다는 것이 일반적인 신조가 되어 있는 점은 나도 알고 있다. (중략) 이 신조가 스미스 씨의 경우에도 그러하였다고 생각되듯이, 판단력 있는 사람에게 얼마나 영향을 끼쳐 왔는지를 나는 정말로 상상도 할 수 없다. 나는 스코틀랜드와 아일랜드의 웬만한 장소를 여행하였기 때문에 확실히 단언할 수 있는데, 이들 나라의 농민(peasant) 상태와 비교한다면 흑인의 주거는 궁전이며 그들의 생활은 호화롭다. 정직하게 고백하는데, 고귀한 마음의 소유자에게 그야말로 노예제라는 관념에는 말로 다할 수 없는 비참함이 있다. 그러나 이 관념을 제거한다면, 이들 노예의 상태는 스코틀랜드나 아일랜드 일반대중(vulgar)의 상태보다도 한결

21 같은 책, p. 11.
22 같은 책, p. 24.

행복한 것이다.[23]

리는 여기서 아메리카 식민지에서 흑인노예의 물질적인 생활조건만을 다루면서, 그것을 스코틀랜드나 아일랜드 농민보다도 '한결 행복한 것'이라 주장하는데, 그는 이 소책자에서 인간의 '자유'에 대해서는 한마디도 언급하고 있지 않다. 이와 같은 지극히 주관적이고 인종차별적인 반론에 스미스의 마음이 움직이는 일은 없었을 것이며, 하물며 일반독자가 납득하는 일도 없었을 것이다. 애초에 스미스가 이 리의 소책자를 읽었는지 읽지 않았는지도 모른다. 리의 방문 후, 1764년부터 1766년에 걸쳐 스미스는 글래스고 대학을 사직하고, 제3대 버클루 공작 헨리 스콧(1746~1812)의 '여행 시중 가정교사'(travelling tutor)로서 프랑스와 스위스를 방문하고 있기 때문이다.

그리고 이 프랑스 방문에 즈음하여, 스미스는 진작부터 "프랑스가 이제까지 낳은 인물 중에서 아마 가장 폭넓게 여러 문예(文藝)에 정통한 천재"[24]라고 평가하였던 볼테르와 주네브(제네바)에서 가까운 페르네(Ferney)에서 수차례 회견하게 된다. 로스의 『애덤 스미스전』에 의하면, 특히 "1756년 후반에 스미스가 페르네를 방문하였을 때, 그는 장 칼라스

23 같은 책, p. 25.

24 Ian Simpson Ross, *The Life of Adam Smith*, p. 209(篠原久·只腰親和·松原慶子訳, 『アダム·スミス伝』, p. 223).

(Jean Calas)의 비운에 대해서 볼테르와 논의하였을지도 모른다. 볼테르는 그의 『관용론』(1762) 첫머리에서 광신적이라 할 수도 있는 끔찍한 이야기를 자세히 서술하고 있다. 스미스는 『도덕감정론』 최종판(1790)에서 칼라스의 최후의 말을 인용하여, 부당한 처벌로 자신의 추억에 덧씌워질 수 있는 오명에 대해, 애먼 사람이 느끼는 의로운 분노를 표출하고 있다."[25]

'칼라스의 비운'이라는 것은 남프랑스의 프로테스탄트 상인인 장 칼라스를 둘러싼 오심 재판을 가리킨다. 1761년, 가톨릭으로 개종한 아들이 자살한 모습으로 발견되었음에도 불구하고 아버지 칼라스가 살인죄로 추궁당해 사형에 처해졌던 사건이다. 무죄를 확신하였던 볼테르는 재심을 호소하고 있었다.

이 칼라스 사건뿐만 아니라 우리는 아메리카나 카리브해 식민지에서의 흑인노예제에 관해 스미스와 볼테르가 이야기를 주고받았을 가능성을 상상할 수도 있다. 아마도 두 사람은 여러 가지 논점에서 동지적인 유대를 확인하였을 것이다.

이러한 『도덕감정론』에서의 흑인노예제에 대한 도덕적 비판은, 그 짧은 언급 부분에도 불구하고 커다란 주목을 받은 것처럼 생각된다. 18세기 말 이후 영국에서 노예무역 반대운동의 지도자가 되었던 토머스 클라크슨(1760~1846)은, 노예무역이 폐지된 1807년 이듬해에 출판한 주저 『아

25 같은 책, p. 25(p. 229).

프리카인 노예무역 폐지의 역사』(전 2권)의 제1권에서 스미스의 영향에 대해 『도덕감정론』을 인용하면서 다음과 같이 증언하고 있다.

> 애덤 스미스 박사는 그의 『도덕감정론』 속에서, 1759년이라는 매우 빠른 시기에 다음과 같이 아프리카인들에게 그 명예를 드높이는 빛을 비추고, 또 그들의 압제자들의 저급한 인격을 만천하에 드러냈다. (여기에 53~54페이지에서 제시하였던 『도덕감정론』으로부터의 인용이 이어짐) 그리고 지금 1776년에, 그는 『국부론』에서 힘찬 모습으로 (왜냐하면 그는 관계자의 이익에 호소하였기 때문에) 아프리카인의 노동이 고가(高價)인 점, 즉 노예를 부리는 일이 좋은 계책이 아닌 점을 제시하였다.[26]

이 문장이 시사하고 있다시피 노예무역 폐지에 대한 스미스의 영향력은, 『도덕감정론』에서의 도덕적 비판보다도 오히려 『국부론』에서의 〈노예제의 경제학〉 쪽이 압도적으로 컸던 것처럼 생각된다. 스미스가 『국부론』에서 전개한 〈노예제의 경제학〉은, '노예제는 저렴하다'라는 동시대의 상식을 정면에서 부정하는 것으로서, 노예소유자의 도덕적 의식이 아니라 그 경제적 이해관심에 호소하는 것이었기 때문이다. 우리가 다시금 『국부론』을 읽어야 할 이유이기도 하다.

---

26 Thomas Clarkson, *The History of the Abolition of the African Slave Trade*, vol. 1, London: R. Taylor, 1808, pp. 85~86.

3. 노예노동의 비용 대 효과

스미스가 『국부론』에서 우선 지적한 것은, '노예노동은 백인 하인에 의한 노동보다도 저렴하다'라는 그때까지의 식민지 경영의 상식을 뒤엎는 것이었다. 『국부론』 제1편 제8장 「노동의 임금에 대해서」에서 그는 이렇게 논하고 있다.

> 노예의 소모(wear and tear of a slave)는 주인의 경비 부담이 되지만, 자유로운 사용인(a free servant)의 소모는 본인 자신의 부담이 된다고 지적되어 왔다. 그러나 후자의 소모도 실제로는 전자의 소모와 동일하게 주인의 부담이 되는 것이다. (중략) 그러나 자유로운 사용인의 소모도 똑같이 주인의 부담이 된다 하더라도, 그것은 일반적으로 노예의 소모보다도 훨씬 적은 부담에 그친다. 노예의 소모를 보전 또는 수복(修復)—그렇게 표현해도 괜찮다면—하는 데 충당되는 원자금은, 일반적으로 태만한 주인 혹은 부주의한 감독자에 의해 운용되는 것이 보통이다. 자유인에 대해 동일한 역할을 하는 데 충당되는 원자금은 자유인 자신에 의해 운용된다. 부자의 경제를 운용함에 있어 나타나는 난맥상은 자연스레 노예의 관리에서도 나타나게 된다. 빈자의 혹독한 절약검소에 대한 배려는 자연히 자유인의 경제에도 나타난다. 그와 같은 서로 다른 관리하에서는 목적은 똑같더라도 그 실행에 요하는 비용의 크기는 매우 달라질 수밖에 없다. 따라서 자유인에 의해 수행되는 일 쪽이 노예에 의해 수행되는 일보다도 결국은 싸게 먹히는 사실은 모든 시대, 모든 국민의 경험으로부터 명백하다고 나는 믿는다. 일반적으로 노동의 임금이 그토록 높은 보스턴, 뉴욕, 필라델피아에서조차도 그렇다는 사실이 알려져 있다.[27]

스미스는 여기서 '노예'와 '자유로운 사용인'을 비교하고 있는데, 이 시대에 '사용인'(servant)으로 불린 사람은 귀족 등의 저택에서 일하는 가사(家事)사용인도 포함되지만, 압도적으로 많은 것은 "남자를 주체로 하는 농업 서번트(servant in husbandry)"이며, "그들의 특징은 연령이 젊고 독신이며 더부살이 그리고 연간 고용 형태인 점 등"이었다.[28] 즉 1년 단위의 고용계약으로 일하는 노동자이다.

이 문장에서 스미스가 지적하고 있는 것은, 노예의 '소모에 관련한 경비 부담', 즉 노예노동의 유지관리에 소요되는 비용은, 어느 정도 자기관리가 가능한 '자유로운' 노동자의 비용보다도 '비싸게 든다'는 점이다. 그 결과로서 "자유인에 의해 수행되는 일 쪽이 노예에 의해 수행되는 일보다도 결국은 싸게 먹히는 사실"을 스미스는 주장한다. 그 구체적 예로서 '보스턴, 뉴욕, 필라델피아'라는 지명을 들고 있는 점은 중요하다. 노예노동이 '비싸게 드는' 점을 설득하는 상대방으로서 스미스가 상정하고 있는 것은, 우선은 아메리카 대륙 식민지의 노예소유자였다는 것이 이로부터 판명되기 때문이다.

노예노동이 '비싸게 드는' 점을 설명하는 또 하나의 논리가 있다. 스

27 Adam Smith, *An Inquiry into the Nature and Causes of the Wealth of Nations*, vol. 1 edited by R. H. Campbell, A. S. Skinner, and W. B. Todd, Oxford: Clarendon Press, 1976, pp. 98~99(水田洋監訳·杉山忠平訳, 『国富論』(全4分冊), 岩波文庫, 2000~2001, ①, p. 146).

28 川北稔, 『民衆の大英帝国』, 岩波現代文庫, 2008, p. 58.

미스는 『국부론』 제3편 제2장 「로마제국 몰락 후의 유럽의 구(舊) 상태에서의 농업의 저해(沮害)에 대해서」에서 다음과 같이 서술하고 있다.

> 모든 시대, 모든 국민의 경험은, 노예에 의한 일이 언뜻 보기에 그들의 생활재료밖에 들지 않는 듯해도, 결국은 가장 비싸게 든다는 것을 나타내고 있다고 나는 생각한다. 재산(property)을 취득할 수 없는 사람은, 되도록 많이 먹고 적게 노동하는 것 외에 이해타산을 가질 수 없다. 노예 자신의 생활재료를 구매하는 데 족할 만큼의 양 이상의 노동은, 폭력을 사용하여 그들로부터 쥐어짜낼 수밖에 없는 것이며, 그들 자신의 이해타산에 의해서가 아니다.[29]

노예는 아무리 일하여도 그 결과로서 '재산을 취득할 수 없는 사람'이므로, 성실하게 노동하는 것에 대한 '의욕=인센티브'도 '동기부여=모티베이션'도 없다는 것이다. 여기서는 노예와 '자유로운' 노동자의 비교는 하고 있지 않으나, 스미스가 서술하고 있는 것을 거꾸로 말한다면, 노예와 다르게 '자유로운' 노동자는 '재산을 취득할 수 있는' 사람, 혹은 적어도 노력하면 자기도 '재산을 취득할 수 있'다고 생각하는 사람들이므로, '되도록 많이 노동하는' 것에 대한 '이해타산'을 갖고 있다고 말할 수 있다.

따라서 이상의 두 가지 논리를 정리하여 말하면, 스미스는 노예노동은 '비용 대 효과=cost perfomance'라는 점에서 '자유로운 노동'보다 열등한 것이며, 결과로서 '자유로운' 노동자를 고용하는 쪽이 '결국은 싸게

---

29 Adam Smith, *An Inquiry into the Nature and Causes of the Wealth of Nations*, vol. 1, pp. 387~388(水田洋監訳・杉山忠平訳, 『国富論』, ②, p. 199).

든다'고 주장하는 것과 다름없는 셈이다.

그러나 정말로 그렇다고 한다면, 눈앞의 경제적 이익에 민감할 터인 노예소유자가 왜 노예를 대신해 '자유로운' 노동자를 고용하려고 하지 않는가라는 의문이 발생한다. 이 문제에 대해서도 스미스는 제3편 제2장에서 구체적인 고찰을 덧붙이고 있다.

> 인간은 자존심이 있기 때문에 으스대기를 좋아한다. 따라서 손아랫사람을 설득하기 위해 겸손해져야 하는 것만큼 사람에게 굴욕감을 주는 것은 없다. 따라서 법률이 허용하고 일의 성질상 가능하기만 하다면 사람은 일반적으로 자유인보다는 노예를 사용하는 쪽을 선호한다. 사탕수수나 담배의 재배는 노예에 의한 경작 경비를 충당할 수 있다. 곡물 생산은 현대에서는 그것이 불가능한 것으로 생각된다. 곡물을 주산물로 하는 잉글랜드령 식민지에서는 노동의 압도적 대부분은 자유인에 의해 실행되고 있다. 펜실베이니아 퀘이커교도들의, 모든 흑인노예를 해방한다는 최근의 결의는, 흑인노예 수가 너무 많은 곳에서는 불가능하다는 점을 우리에게 납득시키기에 충분하다. 만약 흑인노예가 그들 재산의 상당한 부분을 차지하였다면 그러한 결의는 결코 찬성을 얻지 못하였을 것이다. 이와는 반대로 우리의 설탕식민지에서는 모든 일이 노예에 의해 이루어지고 있으며, 우리의 담배식민지에서는 노동의 대부분이 그러하다. 우리의 서인도 식민지 어디에서도 설탕농장(sugar-plantation)의 이윤 규모는 일반적으로 유럽이나 아메리카에서 알려져 있는 다른 어떤 경작보다도 훨씬 크다. 또 담배농장의 이윤은 설탕의 이윤보다는 못하지만 이미 서술하였다시피 곡물의 이윤보다 더 크다. 둘 다 노예경작(slave-cultivation)의 경비를 충당하고도 남는데, 설탕은 담배보다 더 뛰어난 것이다. 그렇기 때문에 우리나라의 담배식민지보다도 설탕식민지에 백인에 비해 흑인의 수가 훨씬 많은 것이다.[30]

노예해방을 저지하고 있는 제1의 문제는 따라서 플랜테이션 경영의 높은 이윤율인 것이다. 사탕수수 플랜테이션에서는 자유로운 노동자보다도 '비싸게 드는' 노예를 사용하고 있기는 하지만, 그럼에도 그 '경비를 충당하고도 남을' 정도의 높은 이윤을 획득할 수 있다는 것이다. 더욱이 사탕수수 플랜테이션에서는 농장주는 이미 '재산'으로서의 노예를 대량으로 소유하고 있기 때문에, 흑인노예를 해방하는 것은 커다란 경제적 손실이 된다는 이유가 추가된다.

흥미로운 점은 펜실베이니아에서 퀘이커교도의 노예해방 결의에 대한 평가일 것이다. 앞 장에서 보았듯이 볼테르는 논문 「노예」 속에서, 그들이 노예무역을 '엄중하게 여겨 단념하고 있다'라는 표현으로 종교적(혹은 도덕적) 이유를 시사하고 있었다. 그에 대해 스미스는 흑인노예의 수가 적어서 해방에 따른 경제적 손실이 작았던 점이 그 이유라고 추측하고 있다. 여기서도 인간의 경제적 이익에 대한 관심을 주요 동기로서 고찰하는 그의 〈노예제의 경제학〉은 일관성을 유지하고 있다.

참고로 펜실베이니아가 북아메리카에서 최초의 「노예제 폐지법」(An Act for the Gradual Abolition of Slavery)을 가결한 시기는 미국 독립전쟁 중인 1780년인데, 독립선언 이전인 1767년에 이미 펜실베이니아 식민지는 '노예 수입을 금지하는 결의'를 하고 있다.[31] 볼테르가 언급하고 있는 것은

30 같은 책, pp. 388~389(②, pp. 200~201).
31 Leroy Hopkins & Eric Ledell Smith, *The African Americans in Pennsylvania, The Peoples*

명백히 이 결의라고 생각된다. 단, 스미스가 말하는 '모든 흑인노예를 해방한다는 최근의 결의'라는 것이 『국부론』 초판(1776) 집필 시점에서 정확히 무엇을 가리키는지는 확인할 수 없었다. 그러나 어찌되었건 스미스가 아메리카 식민지의 흑인노예제에 관한 정보에 줄곧 주목하고 있었던 점은 확실하다.

이상과 같이 『국부론』의 스미스는 일관되게 흑인노예제보다도 '자유로운' 노동자를 고용하는 편이 고용주의 이익이라는 점에서 '결국은 싸게 든다'고 주장하였다. 그리고 노예제에 대한 도덕적 비판보다도 이러한 경제의 논리 쪽이 노예무역 폐지운동을 측면에서 지원하는 큰 힘이 되었다는 사실은 클라크슨의 증언에서 보았던 대로이다.

이 〈노예제의 경제학〉의 역사적 영향에 대해서는 윌리엄스도 다음과 같이 진술하고 있다.

> 서인도제도의 플랜터(planter, 농장주)에 대한 공격은 노예제에 대한 공격 이상의 것이었다. 그것은 독점에 대한 공격이었다. 인도주의자뿐만 아니라 자본가들도 그들에게 적대적이었다. 공격 이유는 서인도제도의 경제 시스템이 도의적으로 악일 뿐만 아니라, 그것이 전혀 채산에 맞지 않는(unprofitable) 것이기도 하여, 후자의 이유만으로도 시스템 붕괴는 피할 수 없는 것이었다. (중략) 이 공격은 3개 국면으로 나눌 수 있다. 노예무역에 대한 공격, 노예제에 대한 공격, 그리고 설탕의 우대관세에 대한 공격이다. 노예무역은 1807년에, 노예제는

---

of Pennsylvania Pamphlet No. 6, The Pennsylvania Historical and Museum Commission, 1994.

1833년에, 설탕의 우대조치는 1846년에 폐지되었다.[32]

이리하여 스미스 사후, 〈노예제의 경제학〉을 받아들인 사람들의 '공격'에 의해 영국령 식민지에서의 노예제는 폐지되었다.

그러나 아이러니컬하게도 영국으로부터 독립한 미합중국에서는 흑인노예제가 유지되었을 뿐 아니라 그 후 오히려 강화된다. 그것이 합중국 남부에 새롭게 전개되어 가는 면화 플랜테이션이었다. 그리고 과거에 노예무역의 주요 담당자였던 리버풀은 산업혁명 이후 이번에는 아메리카로부터의 면화 수입 중심지로서 발전해 나간다. 윌리엄스에 의하면 "1802년 영국 수입면화의 절반은 리버풀을 경유하고 있었다. 1812년에는 3분의 2, 1833년에는 10분의 9로 되었다."[33] 이 문제에 관해서는 제4장에서 다시 논하기로 하겠다.

지금 여기서 말할 수 있는 것은, 아메리카 남부의 흑인노예제는 버지니아 식민지의 아더 리가 옹호한 바와 같은, 젠틀맨에 의한 온정주의적인 '행복한' 노예제는 아니었다는 점이다.

그러나 한 가지 마음에 걸리는 점이 있다. 리는 버지니아 흑인노예의 대우는 스코틀랜드나 아일랜드의 농민보다도 '결국은 싸게 든다'고 쓰

---

32 Eric Eustace Williams, *Capitalism & Slavery*, pp. 135~136(山本伸監訳, 『資本主義と奴隷制』, p. 204).

33 같은 책, p. 162(p. 240).

고 있었다. 그렇다면 스미스가 흑인노예보다도 '결국은 싸게 든다'고 단언한 '자유로운' 노동자가 놓여진 상태는 대체 어떠한 것이었을까.

4. '노동빈민'으로서의 '자유로운' 노동자

다시 한번 『국부론』으로 돌아가 보자. 스미스는 『국부론』의 「서론」에서 다음과 같이 스스로의 문제의식을 제시하고 있다.

> 수렵자나 어부로 구성되는 미개민족에 있어서도 일할 수 있는 개인은 모두 많건 적건 유용한 노동에 종사하며, 자기자신 혹은 그의 가족 또는 종족 중에 수렵이나 어획을 하기에는 너무 고령이거나, 너무 어리거나 혹은 병약한 자를 부양하기 위해 노력한다. 그러나 그러한 민족은 극도로 빈곤하기 때문에, 그들의 유아나 고령자 혹은 오래 병든 자를 때로는 살해하기도 하며, 또 때로는 내다버려 아사시키거나 야수의 먹이가 되도록 방치할 수밖에 없는 상황에 많건 적건 내몰리고 있다고 생각한다. 이에 반해 문명화하고 번영하고 있는 민족은 다수의 사람들은 전혀 노동을 하지 않음에도, 일하는 사람들의 대부분보다도 10배, 종종 100배나 되는 노동의 생산물을 소비한다. 그러나 그 사회의 노동 전체 생산물이 매우 대량이기 때문에 종종 모든 사람이 풍부한 공급을 받으며, 최저·최빈(最貧)의 직인(職人; workman)조차도 검소하고 근면하다면 여느 미개인이 획득하는 것보다도 훨씬 많은 비율의 생활필수품이나 편익품을 얻을 수 있다.[34]

여기서 스미스가 '문명화하고 번영하는 민족' 중의 '일하는 사람들의 대부분'이라고 표현하고 있는 것이, '자유로운' 노동자로서의 '직인=일하는 사람'이라는 점은 말할 필요도 없을 것이다. 그리고 스미스는 그들이 영국의 계급사회에서 '종종 100배나 되는' 경제적 격차의 저변에 위치하고 있음을 솔직하게 인정하고 있다. 그중에서도 더욱 '최저·최빈의 계층'(the lowest and poorest order)에 있는 노동자가 웬만한 생활을 보내기 위해서는 '검소하고 근면하다면'(if he is frugal and industrious)이라는 조건이 필요하다는 점도 솔직하게 첨가되어 있다. 환언하자면, 조금이라도 사치스럽거나 혹은 온 힘으로 열심히 일할 수 없다면 그들의 생활은 한순간에 악화할지도 모른다는 것이다.

그 이유는 무엇일까? 스미스는 이러한 경제격차를 낳는 '문명사회'의 계급적 구조를 다음과 같이 설명하고 있다.

> 일단 축적물이 개개인의 수중에 쌓이게 되면, 그들 중 어떤 자는 자연히 그것을 근면한 사람들을 취업시키기 위해 사용할 것이다. 그들이 이들 근면한 사람들에게 원료와 생활재료를 공급하는 것은, 이러한 사람들의 생산물을 판매함으로써 (중략) 이윤을 얻기 위해서이다. (중략) 따라서 직인이 원료에 부가하는 가치는 이 경우 두 부분으로 분해하는 것으로서, 그 하나는 그들의 임금을 지불하고, 또 하나는 그들의 고용주가 선불(先佛)한 원료와 임금이라는 축적물

34 Adam Smith, *An Inquiry into the Nature and Causes of the Wealth of Nations*, p. 10(水田洋監訳·杉山忠平訳, 『国富論』, ①, p. 20).

전체에 대한 이윤을 지불하는 것이다.[35]

스미스는 '축적물'(stock)을 수중에 쌓은 사람을 '고용주'(employer)로 표현하고 있는데, 그들은 19세기에는 '자본가'로 불리게 된다. 또 고용되어 임금을 수취하는 '일하는 사람'(workman)은 여기서는 '직인'으로 번역되어 있으나, 그들은 더 이상 독립의 수공업 직인은 아니므로 '노동자'로 불러도 좋을 것이다. 즉 스미스는 이미 자본가가 노동자를 고용하여 '상품'을 생산하게 하고, 노동자가 생산한 '부가가치'의 일부를 임금으로서 지불하고 남은 부분을 이윤으로서 획득한다고 하는 자본주의적 생산양식의 틀을 정확하게 인식하고 있는 것이다.

더욱이 거기서 고용되는 자는, 어디까지나 '근면한 사람들'(industrious people)이라고 지적되고 있다. 즉, '검소와 근면'하며 자기자신의 '소모의 수복(修復)'을 자기관리하고, 자기의 노동에 의해 '재산을 취득할 수 있다'는 희망을 갖고 열심히 일하려는 노동자이다. 만약 그가 '검소 및 근면'하지 않았다면 애당초 일자리를 얻을 수도 없었을 것이다.

이와 같은 자본가와 노동자 이외에 이 '문명사회'에는 또 하나의 계급이 존재한다. 스미스에 의하면 "임금과 이윤과 지대(地代)는 모든 교환가치의 본래의 원천임과 동시에, 모든 수입(收入)의 3개의 기본적 원천이

35 같은 책, pp. 65~66(①, pp. 92~93).

기도 하다."[36] 임금을 수취하는 노동자, 이윤을 수취하는 자본가와 더불어 지대를 수취하는 지주(귀족이나 젠틀맨, 도시부의 집주인)가 있는 것이다. 지대를 지불하는 자는 토지를 빌리고 있는 자본가나 주택 임차인인 노동자이므로 지대의 출처는 이윤이나 임금이다. 그러나 이윤과 임금의 원천은 애당초 노동자가 낳은 '부가가치'이기 때문에, 최종적으로는 모든 계급의 수입이 노동자의 노동에 의존하고 있는 것이 된다. 이 경제구조가 '종종 100배'나 되는 경제격차를 낳는 근본적 원인인 것이다.

이러한 노동자의 처지에 대하여 스미스는 덧붙여 다음과 같이 서술하고 있다.

> 구성원의 압도적 대부분이 빈곤하고 비참한 사회가 번영하고 행복한 경우는 절대로 있을 수 없다. 그뿐 아니라 국민 전체에 의식주를 제공하는 사람들이, 그들 자신의 노동생산물 중 자기들이 어느 정도 충분한 의식주를 얻을 수 있을 만큼 몫을 차지하는 것은 공평(equity)하다는 것에 지나지 않는다.[37]

확실히 말하는 대로일 것이다. 그러나 그렇다면 노동자가 '행복한' 상태란 어떠한 사회인가. 스미스는 이어 다음과 같이 말하고 있다.

> 노동빈민, 즉 민중 대다수가 가장 행복하고 가장 쾌적하다고 생각되는 상태는,

---

36 같은 책, p. 69(①, pp. 98~99).
37 같은 책, p. 96(①, p. 143).

사회가 부를 충분하게 획득하였을 때보다도, 오히려 부의 더 많은 획득을 향해 전진하고 있는 진보적 상태라는 사실은 아마도 지적해 둘 만한 가치가 있으리라. 노동빈민은 사회가 정체 상태에 있을 때에는 혹독하고 쇠퇴 상태에 있을 때에는 비참하다. 실제로는 진보적 상태야말로 사회의 다양한 계급 모두(all the different orders of the society)에게 즐겁고 마음 따뜻한 상태인 것이다.[38]

이는 실로 놀랄 만큼 날카로운 문장이라 할 수 있다. 현대 미국에서 사용되기 시작한 〈working poor〉라는 말이 일본에서도 그대로 가타카나(カタカナ) 표기로 'ワーキングプア'(워킹푸어)로서 사용되고 있다. 일반적으로는 풀타임으로 일하고 있더라도 생활보호 수준에도 못 미칠 정도의 수입밖에 얻을 수 없어, 빈곤에서 벗어나지 못하는 사람들을 지칭하는 데 사용된다. 그것과 비슷한 용어인데 스미스는 여기서 '민중의 대다수'가 '노동빈민'(the labouring poor)이라는 점을 당연한 사실인 것처럼, 스스럼없이 인정하고 있는 것이다.

그리고 사회가 정체하고 있는지, 쇠퇴하고 있는지, 진보하고 있는지에 따라 그들의 상태는 상이한 것이며, 진보적 상태가 '가장 행복하고 가장 쾌적'하다고 말하고 있지만, 그것은 '노동빈민'의 생활조건이 다른 상태보다는 좋다는 것이지 '빈민'이 '빈민'이 아니게 된다는 것을 의미하는 것은 아니다.

---

38 같은 책, p. 99(①, p. 147).

'진보적 상태'라는 것은 현대용어로 환언하면 '경제성장'이다. 경제성장이 지속하는 동안에는 '노동빈민'의 생활도 '즐겁고 마음 따뜻한 상태'가 된다는 것이 노동자에게 위안이 되기라도 하다는 말인가. 개개의 노동자가 아무리 열심히 일하더라도, 그것과는 관계없이 경제성장이 멈추면 혹은 마이너스 성장에 빠지면 그들의 생활조건은 '혹독' 혹은 '비참'하게 된다는 의미이니 말이다.

여기서의 논의는 '노동빈민'이 '어느 정도의 충분한 의식주를 얻을 수 있을 만큼의 몫을 차지하는' 일이 가능한지 아닌지의 문제와 관련되는 것이었다. 즉 소비자로서의 노동자와 관련된 내용이다. 그러나 스미스가 지적하는 것은 그뿐만이 아니다. 그는 『국부론』 제5편에서 다음과 같이 서술하고 있다.

> 분업이 진행됨에 따라서 노동에 의해 생활하는 사람들의 압도적 대부분 즉 국민 대부분의 일이, 소수의 즉 많은 경우 하나 내지 두 가지의 극히 단순한 작업에 한정되기에 이른다. (중략) 그 자신의 특정한 직업에서의 기량은 이리하여 그의 지적, 사회적, 군사적인 덕을 희생으로 하여 획득되는 것처럼 생각된다. 그러나 이것이야말로 정부가 그것을 방지하기 위해 얼마간 진력하지 않는 한, 개량되고 문명화된 모든 사회에서 노동빈민 즉 국민의 대부분이 필연적으로 빠질 수 있는 상태인 것이다.[39]

---

39 같은 책, pp. 781~782(④, pp. 49~50).

여기서도 '국민의 대부분'은 '노동빈민'이라고 인정한 전제하에, 스미스는 단순작업의 반복에 종사하는 결과로서 노동자의 '지적, 사회적, 군사적인 덕'이 희생이 된다고 명시하고 있다. 즉, 지적 능력이나 사교적인 커뮤니케이션 능력의 발달이 저해되어, 병사로서의 정신적·육체적 능력도 발휘할 수 없게 된다는 것이다. 따라서 "일반민중의 교육은, 아마도 문명화된 상업사회에서는 어느 정도의 신분이나 재산이 있는 사람들의 교육보다도 공공의 배려를 필요로 할 것이다."[40]

18세기 유럽에 존재하는 '문명화된 상업사회'. 거기에서는 노예제보다도 '결국은 싸게 드는' 생산양식이 확산되어 가고 있었다. '자유로운' 노동자는 '노동빈민'으로서 사회를 지탱하고 있으며, 그들이 '즐겁고 마음 따뜻한' 생활을 보낼 수 있는 것은 경제성장이 계속되는 '진보적 상태'에 한정된다. 앞 절에서 보았듯이 스미스가 주장한 〈노예제의 경제학〉은, 확실히 영국인에 의한 노예무역의 폐지나 영국령 식민지에서의 노예제 폐지에 일정한 영향력을 끼쳤다. 그러나 그것은 '자유로운' 노동자가 '노동빈민'으로 살 수밖에 없는 사회를 '문명사회'로서 긍정하고 추인하는 경제학이기도 하였던 것이다.

---

40 같은 책, p. 784(④, p. 52).

제3장

노예제와 정의

_ 헤겔

1. 헤겔과 아이티
2. 자기해방의 절대적 권리
3. 노예해방에 대한 기대와 환멸
4. 노동자 계급의 빈곤과 '부정'(不正)

1. 헤겔과 아이티

제1장에서 수전 벅모스의 몽테스키외 비판을 소개하였다. 그 전거(典據)인 그녀의 논문 「헤겔과 아이티」의 본래 주제는, 한마디로 말해 18세기 말부터 19세기 초에 걸친 식민지 지배와 노예제 기반의 자본주의 세계 시스템 속에서, 독일의 철학자 게오르그 빌헬름 프리드리히 헤겔(1770~1831)의 '자유'를 둘러싼 사상과 아이티혁명의 현실을 교차시키는 일이며, 철학 연구 속에서 다양하게 해석되어 온 헤겔의 『정신현상학』(1807)에서의 '주인과 노예의 변증법'을 이제까지와는 다른 관점에서 새롭게 해석하는 일이었다.

즉, 헤겔이 '주인과 노예의 변증법'을 서술하였을 때 염두에 두고 있었던 것은, 아이티섬의 프랑스령 식민지 생도맹그에서의 흑인노예 혁명(1791년 흑인노예의 일제(一齊) 봉기에서 시작되어 1806년 아이티공화국 독립에 이르는 아이티혁명)이었다라는 사실이 제1논문의 충격적 결론이었던 것이다.

이 제1논문의 내용을 저자 자신이 제2논문 속에서 다음과 같이 요약하고 있다. "그와 같은 열광(혁명의 목격이라는 역사적 경험으로서의 집합적 열광)이야말로 생도맹그에서의 혁명에 대한 젊은 헤겔의 반응의 특징이었다는 것이 본서 제1부 「헤겔과 아이티」의 주장이다. 헤겔은 보도를 통한 목격자의 입장에서 (중략) 글로벌한 전망을 엿볼 수 있었다. 헤겔은 보편적인 자유의 실현이야말로 역사의 의미와 구조 그 자체라고 생각하고 있으며, 생도맹그 노예들의 봉기는 헤겔에게 그 보편적 자유의 표현으로 비추어졌다."[1]

이 인용에서 알 수 있듯이 벅모스의 관심의 중심은 어디까지나 『정신현상학』과 아이티혁명의 관련성에 있다. 그녀는 후기 헤겔의 법철학에 대해서도 언급하고 있으나 후기 헤겔의 '노예제'론이 갖는 의미를 충분히 파악하고 있다고는 말할 수 없다. 여기에서는 벅모스의 지적을 고려하면서, 그녀가 고찰한 '자유와 노예제'의 관계를 넘어서는 '노예제'에 대한 인식—후에 마르크스가 정면으로 문제시한 인식—을 후기 헤겔의 사상 속에서 확인해 보고자 한다.

우선은 벅모스의 문제제기에 대한 의미를 확인하는 일부터 시작하자. 그녀가 주목한 『정신현상학』에서 헤겔은 다음과 같은 논리를 전개하고 있다. 인간정신의 발달 과정에서 '자기의식'을 갖기에 이른 인간은, 상호 승인을 바라면서 타자의 '자기의식'과의 '생사를 건 투쟁'에 들어간다. 그 이유를 헤겔은 이렇게 설명한다.

> 생명을 거는 것 외에 자유를 확보할 수 있는 길은 없다. 자기의식하에서는 단지 살아가는 것, 살아서 그날그날을 보내는 것이 중요한 것이 아니라, 덧없이 부침(浮沈)하는 일상생활의 핵심을 관통하는 일관성—순수한 자립성(자주

---

1 Susan Buck-Morss, *Hegel, Haiti, and Universal History*, Pittsburgh: University of Pittsburgh Press, 2009, p. 115(岩崎稔·高橋明史訳, 『ヘーゲルとハイチ—普遍史の可能性にむけて』, 法政大学出版局, 2017, p. 108).

성)—이야말로 소중하다는 사실도 생명을 내걸지 않고서는 증명할 수 없다.[2]

그 '투쟁'에서는 자신의 목숨에 집착하지 않고 끝까지 싸운 쪽이 '주인'(Herr)이 되고, 자신의 목숨에 집착하여 진 쪽이 '노예'(Knecht)가 된다. 주인은 노예를 지배하고, 노예는 주인에 종속되어 노동에 종사한다. 그러나 그것은 노예가 노동이라는 인간적 활동의 주체가 되는 것을 의미하는 것이며, 그러한 사정이 새로운 사태를 야기시킨다.

> 지배 과정에서 지배의 본질이 지향하는 바와 반대 방향으로 바뀌었듯이, 예속의 본질도 관계라는 형태로 실현되는 과정에서 외견과는 반대 방향으로 바뀌게 된다. 노예의 의식이 자기의 내부로 향하게 될 때, 진정한 자주·자립성을 획득하는 것이다.[3]

그 결과 노예는 새로운 주체로서 다시 일어선다.

> 물건을 만드는 과정에서 자기가 자주적이고 자립적인 존재임을 자각하게 되고, 이리하여 충분히 자주적이고 자립적인 생각이 의식에 투영된다. 물건은 형태로서 바깥 세계에 명확히 모습을 드러내지만, 그렇다고 의식과 별개인 것이

---

2 Georg Wilhelm Friedrich Hegel, *Phänomenologie des Geistes*, in: G. W. F. Hegel, *Werke, in 20 Bänden* [*Werke*], Bd. 3, Frankfurt am Main: Suhrkamp, 1970, S. 149(長谷川宏訳, 『精神現象学』, 作品社, 1998, p. 132).

3 같은 책, p. 152(p. 136).

아니라, 형태야말로 의식의 자주·자립성의 진정한 모습인 것이다. 이리하여 언뜻 타율적으로밖에 보이지 않는 노동 속에서야말로 의식은 자기의 힘으로 자기를 재발견하는 주체적인 힘을 발휘하는 것이다.[4]

헤겔이 말하는 것은, 물건을 생산하는 노동을 통해서 노예 측에 물건을 산출하는 주체로서의 자각이 발생한다는 점이다. 이 자신이 생산하지 않으면 주인은 음식을 먹을 수도 없는 것이다. 이리하여 실제로는, 스스로는 노동을 하지 않고 노예의 생산물을 획득하기만 하는 주인 쪽이 오히려 노예에 '의존=종속'할 수밖에 없는 존재라는 사실이 명확해진다. 그뿐만이 아니다. 노예 자신이 그 사실을 알아차림으로써 '주체'로서의 입장이 역전하는 것이다.

여기서 '노예'라고 번역되어 있는 원어 〈Knecht〉는 독일어로는 일반적으로 농가 등에서의 '고용인(雇傭人=피고용자), 사용인, 머슴'이나 귀족의 저택의 '하인, 종' 등을 의미하는 말로서 옛날부터 널리 사용되어 왔다. 그런 의미에서는 앞 장에서 본 영어의 〈servant〉에 가깝다고 할 수 있겠다. 그런 이유로, 이 '변증법'과 관련하여 지금까지 다양하게 논의되어 왔음에도 불구하고 동시대의 카리브해나 아메리카 대륙에서의 '노예'(Sklave)가 연상되는 일은 거의 없었다.

그에 대해 벅모스는 헤겔의 전기(傳記)적 기술로부터 다양한 상황증

---

4 같은 책, p. 154(pp. 137~138).

거를 수집하여 헤겔이 정기구독하고 있었던 잡지『미네르바』안에「아이티혁명」에 대한 보고가 있는 사실, 따라서 그가 이 역사적 사건에 대해 알고 있었을 가능성이 높은 점을 밝혀내었다. 즉, 헤겔은 "현실의 주인에 대항하기 위한 혁명에 성공한 현실의 노예에 대해서 알고 있었으며, 그 동시대의 문맥을 의식하여 주(主)와 노(奴)의 변증법을 상술하였던"[5] 것이 아니었을까 하는 주장이다. 그 추론과정에는 추리소설과도 같은 재미가 있는데—저자 자신이 "「헤겔과 아이티」는 미스테리 스토리로서 쓰여져 있다"[6]고 말하고 있다—그 결론의 옳고 그름에 대해서는 여기서는 논하지 않겠다. 그것보다도 중요한 것은 계몽사상의 역사적 배경에 관한 그녀의 지적이다.

이미 제1장에서 보았듯이 벅모스는 '인종차별주의자' 몽테스키외를 준엄히 비판하고, 그와 대비시키는 형태로 헤겔을 높이 평가하고 있다. 제1논문의 실질적인 결론 부분은 다음과 같은 것이었다.

> 헤겔이 현실의 노예와 그들의 혁명투쟁에 대해 알고 있었다는 점은 의심할 여지가 없다. 헤겔은 아마 그의 작업의 가장 정치적인 표현 속에서, 아이티의 센세이셔널한 사건을『정신현상학』논의의 요체(要諦)로서 이용한 것이다. 카리브해 노예들의 주인에 대한 혁명이 실제로 일어나고 또 성공한 것은, 승인의

---

5 Susan Buck-Morss, *Hegel, Haiti, and Universal History*, p. 50(岩崎稔·高橋明史訳,『ヘーゲルとハイチ』, p. 48).
6 같은 책, p. 3(p. 3).

변증법적 논리가 세계사의 주제로서, 즉 자유의 보편적 실현이라는 스토리로서 가시화 되는 순간이다. (중략) 이론과 현실은 이 역사적 순간에 하나가 되었다. 혹은 헤겔의 용어로 표현하자면, 이성적인 것—자유—이 현실화되었다. 이 점이 헤겔의 논의의 독창성을 이해하기 위한 결정적 논점이다. 그 점에 있어서 철학은 아카데믹한 이론의 한계를 뛰쳐나와 세계사에 대한 코멘터리(commentary=주석 혹은 해설)가 되었다.[7]

2. 자기해방의 절대적 권리

벅모스가 강조하는 대로, 헤겔은 그 후 일관되게 노예제에 대한 반대론자, 노예해방론자로서 발언을 계속하고 있다. 예를 들어, 1817년부터 이듬해에 거쳐 하이델베르크 대학에서 행한 「자연법과 국가학」 강의에서 헤겔은 다음과 같이 논하고 있다.

예를 들어 내가 노예(Sklave)로 태어나서 주인에 의해 양육되고 교육받았다 하더라도, 그리고 나의 부모나 선조가 모두 노예였다 하더라도, 내가 바라고, '나는 자유다'라는 의식에 도달하면 그 순간에 나는 자유로워진다. 왜냐하면 나의 의지의 〈인격 자체〉와 자유는, 나 자신의, 즉 나의 〈인격 자체〉의 본질적 부분이기 때문이다. 내가 무엇인가는 전적으로 내가 〈인격 자체〉로 되어 있는 것 이외에 없다. 나의 〈인격 자체〉가 갖는 이러한 재산은 전부 똑같이 시효에도 걸리지

7 같은 책, pp. 59~60(pp. 54~55).

않고 제한도 받지 않으며, 노예 점유자의 '정당한 원권(原權, 어떤 권리의 침해에 의하여 생긴 원상 회복이나 손해 배상 청구권에 대해서, 그 침해를 당한 본래 권리—역주)'이나 '선의'는 그 점유자에게 아무런 도움이 안된다.[8]

다시 말해 인간은 본질적으로 '자유'로운 존재인 것이며, 그 자유가 침해되어 '노예'로 되는 것은 인간의 본질에 반(反)한다는 것이다. 그 근거는 "나의 가장 독자적인 인격을 이루고 있는 재산, 즉 나의 〈인격 자체〉 일반, 의지의 자유, 인륜, 종교는 양도(讓渡)도 안되고 시효에도 걸리지 않는다"[9]라는 '소유'론이었다. 나의 〈인격 자체〉는 둘도 없이 소중한 '나의 소유'이며 타인에게 양도하여 타인의 소유물(=노예)로 만드는 것은 불가능하다는 것이다.

1818년부터 이듬해에 걸쳐 베를린 대학으로 옮긴 첫해에 행한 법철학 강의에서도 헤겔은 이렇게 말하고 있다.

인간이 자유롭게 된다는 것, 그것을 위해서는 자유로운 세계가 필요불가결합니다. 노예제가 존재하지 않는다는 것은 인륜적인 요청입니다. 오직 이 요청이

---

8 Georg Wilhelm Friedrich Hegel, Georg Wilhelm Friedrich, *Vorlesungen über Naturrecht und Staatwissenshqft, Heidelberg 1817/18*, Nachgeschrieben von P. Wannenmann, hrsg. von C. Becker et al., mit einer Einleitung von O. Pöggeler, Hamburg: Felix Meiner, 1983, S. 32(高橋良治監訳, 『自然法と国家学講義 — ハイデルベルク大学1817 · 18年』, 法政大学出版局, 2007, p. 35).

9 같은 책, S. 31(p. 34).

실현되었을 때만이. 나의 인격 자체는 나의 소유라고 하는 바의 당연한 논리가 비로소 외부 세상으로 표출됩니다.[10]

이 발언을 보면, 헤겔이 동시대의 흑인노예제를 염두에 두고 논하고 있음은 명백하다. '노예제가 존재하지 않는' 상태는 지금도 여전히 '실현되어야' 할 과제라고 이해하고 있기 때문이다. 즉, 노예제는 과거의 존재가 아니라 현실로(지금) 존재하는 것으로서 문제화되어 있는 것이다. 그것에 이어서 그는 노예가 주인에게 배상을 청구하는 권리에 대해서도 서술하고 있다.

노예는 자기가 자유라고 선언하자마자 그 순간부터 자유롭습니다. 그리고 그의 주인에 대하여 아무런 보상 책임도 갖고 있지 않습니다. 그렇기는커녕 오히려 노예는 주인에게 독립을 위한 자금을 요청할 수 있습니다.[11]

다만 하이델베르크 대학에서의 강의에서 헤겔이 강조하였다시피, 또 『정신현상학』이 시사하고 있었듯이, 그가 상정하고 있는 것은 당사자인 노예 자신이 '나는 자유롭다'라는 의식에 도달하는 일이며, 그리고 그

---

10 Georg Wilhelm Friedrich Hegel, *Die Philosophie des Rechts: Die Mitschriften Wannenmann (Heidelberg 1817/1818) und Homeyer (Berlin 1818/1819)*, hrsg. Von Karl-Heinz Ilting, Stuttgart: Klett-Cotta, 1983, S. 228(尼寺義弘訳, 『自然法と国家法―『法の哲学』第2回講義録1818/1819年 冬学期 ベルリン』, 晃洋書房, 2003, pp. 43~44).

11 같은 책, S. 230(p. 50).

'자유'의 자각에 입각하여 노예 자신이 '주체적'으로 행동하여 스스로를 해방하는 일인 것이다. 1819년 베를린 대학에서의 강의에서는 헤겔은 '노예제에 관한 논쟁, 이율배반'에 관하여 다음과 같이 설명하고 있다.

> 인간은 단지 직접적으로 자유로운 한, 아직 자유롭지 않습니다. 항상 직접적으로 자유로운 것에 불과한 인간에게는, 설령 노예로 만들어졌다고 하더라도, 그러한 한에서는 그 어떤 불법도 발생하지 않습니다. 그는 단지 자연적 의지로서 존재할 뿐입니다. 노예제도의 옹호자는 모두, 노예로 된 자는 자립적으로 자유롭지 않다는 점을 논거로 삼습니다. 인간이 현실로 자유로운지 아닌지, 그것은 서로가 한 번 바라보는 것만으로는 알 수 없습니다. 자유로운 자로서 승인받기 위해서는, 나는 나의 현존재(現存在)에서도 자유롭다는 점을 제시하지 않으면 안됩니다. (중략) 어떠한 사람도 노예로서 취급해서는 안된다는 요청은 전적으로 올바릅니다. 그러나 동시에 어떤 사람도 스스로 노예여서는 안된다는 요청도 타당합니다. (중략) 어떤 사람도 노예로 삼아서는 안된다는 것은 법적인 요청이 아니라 도덕적인 요청입니다. (중략) 법적인 요구는, 단지 자유가 현존재에서 제시될 때에만 자유와 관련하는 것이며, 자유의 현존재가 제시되지 않는 곳에서는 그렇지 않습니다.[12]

현실로 노예인 인간은 스스로 노예인 것을 거부하고, 자기자신이 '자유'의 의식에 도달하고 있음을 자기자신의 행동에 의해 제시하고, 스

---

12 Georg Wilhelm Friedrich Hegel,, *Philosophie des Rechts: Die Vorlesung von 1819/1820 in einer Nachschrift*, hrsg. von Dieter Henrich, Frankfurt am Main: Suhrkamp, 1983, S. 73~74(中村浩爾他訳, 『ヘーゲル法哲学講義録 1819/1820』, 法律文化社, 2002, p. 28).

스스로의 '자유'가 법적으로 보장받을 것을 요구하여 실현하지 않으면 안된다. 자유를 객관적인 것, 사회적으로 제도화된 것으로 만들지 않으면 안된다. '자유의 현존재를 제시한다'라는 의미는 바로 그러한 것을 말한다. 그것이 노예에 대한 헤겔의 요구인 것이다.

1820년에 출판된 『법의 철학』에서는 헤겔은 다양한 노예제 정당화론을 '인간의 개념'에 어울리지 않는 주장이라고 일축하는 한편, 그와는 반대로 '노예제를 절대적으로 부정(不正)한 것(Unrecht)이라고 하는 주장'도 또한 일면적이라고 비판한다.[13] 그 이유를 헤겔은 이렇게 설명한다. "자유로운 정신이 자유로운 정신인 것은, 단순한 개념 달리 말해 즉자적(卽自的)인 것으로서의 자유가 아니라, 자기자신의 형식주의 따라서 직접적인 자연적인 현존재를 폐기하고, 자기만의 고유한 현존재 즉 자유로운 현존재로서의 현존재를 부여하는 데에 성립하는 것이다."[14]

한마디로 환언한다면 '자유'는 스스로 쟁취하는 것이라는 의미이다. 그 권리는 누구도 부정할 수 없다. "노예가 스스로를 해방할 절대적 권리를 갖는다는 것(중략)은 사안의 본성에 뿌리내리고 있는 것이기"[15] 때문이다.

---

13 Georg Wilhelm Friedrich Hegel, *Grundlinien der Philosophie des Rechts*, in: *Werke*, Bd. 7, Frankfurt am Main: Suhrkamp, 1970, S. 123(上妻精他訳, 『法の哲学』(上·下), 岩波書店, 2000, 上, p. 110).

14 같은 책, S. 123(p. 111).

15 같은 책, S. 144(p. 124).

1821년도의 법철학 강의에서도 헤겔은 거의 동일한 설명을 되풀이하고 있다.

> 노예제(die Sklaverei)는 자유의 현실성에 앞서는 시간에 속해 있다. 법 이전의 상태에서는 노예제는 전적으로 합법적일 수 있다. 노예제는 그 자체로 불법적인 것(etwas Unrechtliches)이라는 표현은 무분별한 것이다. 거기서 말하는 것은 노예제는 인간의 개념에 반한다고 하는 점이며, 혹은 이전에 규정되었듯이 인간은 그 개념에 따르면 당연히 그러해야 하는 바를 이루지 못하였다는 것이다. 그러나 객관적인 법은 개념에서뿐만 아니라 대자적(對自的)으로도 존재하고 있다. 그 때문에 노예제는 그 자체로 불법(unrechtlich)이라고 할 경우, 사람은 거의 아무것도 말하고 있지 않은 것과 똑같다. 인간은 즉자적으로 자유롭지 않으면 안될 뿐 아니라, 대자적으로도 자유롭지 않으면 안된다. 인간이 그 자신에게 자유롭지 못하다면, 그가 즉자적으로 자유로운 것만으로는 불충분하다.[16]

즉 인간은 자유로워야 한다고 생각하는(즉자적 자유) 것만으로는 안되며, 자각적 및 객관적 현실에서 자유롭지 않으면 안된다(대자적 자유)는 것이다. 그러나 동시에 그는 이렇게도 말한다.

> 노예인 인간은 스스로를 해방할 절대적인 권리를 갖고 있으며, 그에 대해서는 어떠한 계약도 유지될 수 없다. 인간이 노예로 만들어진다는 것은, 인간의 이념

16 Georg Wilhelm Friedrich Hegel, *Die Philosophie des Rechts. Vorlesung von 1820/1821,* hrsg. von Hansgeorg Hoppe, Frankfurt am Main: Suhrkamp, 2005, S. 65.

에 반하며 인간으로서의 그의 현실성에 반하고 있다. 인간이 자의적(恣意的)으로 노예로 만들어지는 것, 그 자신에 의해서도 그렇게 되는 경우는 일어날 수 있으나, 그러한 계약은 무효이다.[17]

인간이 노예로 만들어지는 현실은 존재한다. 그것은 '부정'하며 '불법'이다. 스스로를 노예로 만드는 계약도 무효이다. 그러나 그 현실을 바꾸는 것은 노예 자신이 아니면 안된다. 노예는 스스로가 갖는 '절대적인 권리'를 실제로 행사하지 않으면 안되는 것이다. 그것이 헤겔의 노예해방론이었다.

3. 노예해방에 대한 기대와 환멸

이처럼 '노예가 스스로를 해방할 절대적인 권리'를 주장할 때에, 헤겔이 염두에 두고 있었던 것은 명백히 아메리카 및 카리브해 지역의 흑인 노예제이다. 1817년부터 1822년에 이르기까지의 법철학 강의에서는 그는 구체적인 지명을 들면서 논하는 일은 없었으나, 1824년의 법철학 강의에서는 서인도제도의 흑인노예제에 대하여 기독교와의 관련에서 다음과 같이 설명하고 있다.

17 같은 책, S. 69.

기독교는 노예제의 원리와 양립할 수 없습니다. 그러나 그런 일로 노예제가 정식으로 폐지될 리는 없으며, 기독교인도 노예를 소유하며 기독교 교회가 노예제를 폐지하는 것도 아닙니다. 세례를 받아도 노예 신분이 사라지는 일은 없으며, 그런 외면적인 형태로는 노예제는 없어지지 않는다. 노예제와 양립할 수 없는 기독교의 정신이 역사 속에서 지배적인 위치에 섰을 때 비로소 기독교 세계에서 노예제가 전면적으로 폐지되었던 것입니다./서인도제도에서도 가톨릭 사제들은 세례를 받은 흑인(Neger)이 판매되는 것에 반대하고, 이리하여 노예에게 세례를 실시하여 기독교인이 되면 매매는 할 수 없다는 것이 법으로서 공인되었습니다. 포르투갈과 스페인 식민지에서는 명확히 그렇게 되었으나, 영국 식민지에서는 그 점이 불철저합니다.[18]

참고로 서인도제도의 영국 식민지에 관해 말하면, 헤겔이 '그 점이 불철저'하다고 발언한 지 약 10년 후에 노예제 자체가 폐지되기에 이른다. 영국령 카리브해 식민지는 사탕수수 플랜테이션에서의 제당업에 의해 대서양 삼각무역의 중요한 일각을 이루었던 지역인데, 이미 보았듯이 "노예무역은 1807년에, 노예제는 1833년에, 설탕에 대한 우대는 1846년에 폐지되었다."[19] 한편 영국으로부터 독립한 아메리카합중국 남부에서는

---

18 Georg Wilhelm Friedrich Hegel, *Philosophie des Rechts nach der Vorlesungsnachschrift K. G. v. Griesheims 1824/1825*, in: *Vorlesungen über Rechtsphilosophie 1818-1831*. Edition und Kommentar von Karl-Heinz Ilting, Bd. 4, Stuttgart-Bad Cannstatt: Frommann-Holzboog, 1974, S. 221(長谷川宏,『法哲学講義』, 作品社, 2000, p. 138).

19 Eric Eustace Williams, *Capitalism & Slavery*, with a New introduction by Colin A. Palmer, Chapel Hill: The University of North Carolina Press, 1994, p. 136(山本伸監訳,『資本主義と奴隷制―経済史から見た黒人奴隷制の発生と崩壊』, 明石書店, 2004, p. 204).

1865년의 남북전쟁 종결에 이르기까지 노예제가 존속하고 있었음은 새삼 지적할 필요도 없을 것이다. 미국에서의 노예제 현황에 대해서는 헤겔은 같은 강의에서 다음과 같이 논하고 있다.

> 시효에 걸리지 않는 권리로서, 예를 들어 노예는 언제라도 노예 상태로부터 도주할 절대적 권리를 갖고 있어서, 노예제도가 법률로 정당화되어 있는 경우에도 도주의 권리에 시효 따위는 없다. 노예에게는 노예 상태에 머무를 의무는 전혀 없으며, 선의로 노예를 구매하여 보유하고 있었던 주인에 대한 보상을 어떻게 할 것인지는 국가가 생각할 일입니다. 북아메리카에서는 국가가 처음에는 노예제도를 법률에 의해 정당화하고 후에 그 일부를 폐지하였습니다만, 노예를 해방하는 데에는 몸값을 지불하였습니다. 그러나 노예는 어떠한 경우에도 사슬을 끊어버릴 권리를 가지며, 예컨대 노예로 태어나 선조가 모두 노예였더라도 해방의 권리에 시효는 없습니다.[20]

이처럼 노예의 '도주의 권리'와 '해방의 권리'의 절대성을 일관되게 명확히 주장하는 헤겔인데, 아프리카계 '흑인'에 대한 태도는 실은 몽테스키외가 가정법 형태로 서술한 문장과 그다지 다르지 않았다. 헤겔의 '흑인'관은 노예제에 관한 문맥에서, 더욱이 혁명 후의 아이티에 대해 언급하는 형태로 표명되고 있다. 1845년의『헤겔 전집』판『엔치클로페디』제3부「정신철학」에 수록된「구두설명」(주 재료의 하나는 1822년의 강의록)에 의

---

20 Georg Wilhelm Friedrich Hegel, *Philosophie des Rechts nach der Vorlesungsnachschrift K. G. v. Griesheims 1824/1825*, S. 239(長谷川宏,『法哲学講義』, 作品社, p. 153).

하면 헤겔은 이렇게 서술하고 있다.

> 흑인(Neger)은 무언가에 관심을 품는 일도 이해관계에 흔들리는 일도 없는 소박한 유소(幼少)인종(Kindernation)입니다. 누군가에 팔려도 상대가 하는 대로 맡겨지고, 그것이 올바른지 아닌지를 반성하는 일이 없습니다. (중략) 문명화할 능력이 없는 것은 아니고, 때로 최대한 감사의 마음과 함께 기독교를 받아들입니다. 오랜 정신적 예종(隷從) 뒤에 기독교에 의해 자유를 획득할 수 있었던 것을 감격에 넘쳐 말할 뿐 아니라, 아이티에서는 기독교 원리에 입각한 국가를 건설하고도 있습니다. 그러나 그들이 문화를 향한 내적 충동을 나타내는 일은 없습니다. 그들의 거주지를 지배하는 것은 소름 끼치는 전제정치이며, 사람들은 인격이라는 것을 느끼는 일이 없습니다. 응축된 구별 없는 덩어리로서 존재하는 아프리카 대륙에 어울리는 정신이라 말할 수 있습니다.[21]

이러한 발언으로부터 생각할 수 있는 것은, 아마도 『정신현상학』(1807)부터 1822년의 「정신철학」 강의에 이르는 사이에 아이티혁명에 관한 헤겔의 평가가 변화하였다는 점이다.

1791년 8월 흑인노예의 일제 봉기로 시작한 프랑스령 생도맹그의 혁명은, 그 연말까지 적게 어림잡아도 5만 명의 노예가 합류하는 '경이적인

---

21 Georg Wilhelm Friedrich Hegel, *Enzyklopädie der philosophischen Wissenschaften im Grundrisse (1830)*, Dritter Teil: Die Philosophie des Geistes, in: *Werke*, Bd. 10, Frankfurt am Main: Suhrkamp, 1970, S. 59~60(長谷川宏, 『精神哲学 哲学の集大成·要綱 第3部』, 作品社, 2006, p. 68). 단, 1822년 강의록에서는 아이티는 "서인도의 흑인국가"로 되어 있다. cf. Hegel, Vorlesungen über die Philosophie des Subjektiven Geistes: Sommersemester 1822, Gesammete Werke, Bd. 25-1, Hamburg: Felix Meiner, 2008, S. 35~36.

규보'[22]의 것이었다. 이 봉기로 9월 말까지의 2개월간에 "살해된 백인은 1,000명 이상, 방화된 설탕 플랜테이션은 161, 커피 플랜테이션은 1,200"으로 추정되며, 생도맹그 북부의 노예제 플랜테이션의 약 6할에서 피해가 발생하였다고 한다.[23]

그 후 10년간에 걸친 반란과 혼란 뒤, 가사(家事)노예 출신인 투생 루베르튀르(1743경~1803)가 지도자가 되어 1801년에 생도맹그의 헌법을 제정하고 자치정부를 수립하는데, 그는 프랑스 원정군과의 전투 속에서 체포되어 프랑스에 연행된 후 1803년에 옥사한다. 그 뒤를 이은 장 자크 데살린(1758~1806)은 1803년에 프랑스군을 격파하여 1804년에 아이티 독립을 선언하고, 1806년에 노예제 폐지를 규정한 공화국헌법을 제정하는데, 그 또한 동년에 암살되고 만다. 그 후 아이티섬은 남부의 아이티공화국과 북부의 아이티왕국, 나아가 동부의 스페인령 산토도밍고로 분열된 상태가 계속되는데, 공화국의 대통령 호위대 사령관이었던 장 피에르 보와이에(1776~1850)가 권력을 장악해 1822년에 전체 섬을 병합하여, 아이티로부터 분리독립한 도미니카공화국이 성립하는 1844년까지 전체 섬을 지배하게 된다.[24]

아이티 연구자인 하마 타다오(浜忠雄)에 의하면 "1820년대의 아이티

---

22 浜忠雄,『カリブからの問い―ハイチ革命と近代世界』, 岩波書店, 2003, p. 27.
23 같은 책, pp. 27~28.
24 같은 책, p. 180.

에서는 인구 약 80만 명 중 상비군은 약 3만 2,000명, 임시징집 모집의 국방군이 4만 명에 달하였는데, 군대는 아이티 남성이 토지를 손에 넣거나 정치에 참여하는 주요 루트로도 되었다"[25]고 한다. 그와 같은 군사적 독재체제하에서 농민은 농업 생산의 증산이라는 명목으로 '노예제의 재도입이나 다름없는' 형태로 토지에 속박되었다.[26]

헤겔이 『정신현상학』을 저술한 것은 아이티의 독립선언으로부터 공화국 성립에 이르는 시기로서, 벅모스에 말을 빌리면 '혁명의 목격이라는 역사적 경험으로서의 집합적 열광'이 지속되고 있었던 시기였다. 그리고 『정신현상학』이 출판된 것은 기묘하게도 영국이 노예무역을 폐지하였던 것과 같은 해였다. 그에 대해 1820년대 이후의 아이티섬에서는 보와이에의 군사적 지배하에서 스스로를 해방하고 있었을 노예의 정치적·경제적 상태는 계속 악화되어 가고 있었던 것이다.

헤겔에게 아이티혁명은 '인간의 자유'를 자각한 노예들의 '스스로를 해방할 절대적인 권리'의 행사에 다름 아니었다. 그러나 그 결과로서 성립한 세계 최초의 흑인공화국은 법에 의해 각자의 자유를 보장하는 법치국가가 아니라, 헤겔의 말에 의하면 '소름 끼치는 전제정치'에 지나지 않았다. 기대가 컸던 만큼 그 반동으로 한층 깊어진 환멸이 이와 같은 인종차별적인 발언을 낳았을지도 모르겠다.

---

25 같은 책, p. 204.
26 같은 책, pp. 206~207.

4. 노동자 계급의 빈곤과 '부정'(不正)

여하튼간에 헤겔이 전 생애에 걸쳐 일관되게 '자유의 자각'이라는 원리에 입각한 '노예가 스스로를 해방할 절대적인 권리'를 옹호하고 있는 사실은 확인되었을 것이다. 그러한 의미에서 그는 19세기를 대표하는 자유주의적인 사상가의 한 사람인 것이다.

그러나 문제는 그러한 (소위) 리버럴한 사상가가 19세기에 기능한 또 하나의 역할이다. 실은 이 문제 자체에 관해서는 벅모스도 지적하고 있었다. "1807년에 영국의 노예무역을 종언시킨 노예제 폐지론자의 승리는, '자유'(free)로운 노동이라는 관념의 탄생과 일치하는 것이었다."[27]

그렇다면 '자유로운 노동'이란 무엇인가. 벅모스는 다음과 같이 이어 말한다.

> 거기서 문제로 된 것은 노동의 착취가 아니라 그 노동에 자발적으로 복종시키기 위한 픽션을 유지하는 것이었다. '탄광 및 제염소에 의해 생활을 구속받고 있었던' 잉글랜드나 스코틀랜드 노동자가 일으킨 소송에서, 재판소는 '산업노예를 인권의 침해로서 비난하지 않았다'. 즉, '노동자는 설사 실제로는 영속적인 종속 상태에 머물러 있더라도, 약간의 임금이라도 받는다는 것을 승낙하였다면 자유인으로 정의될 수 있다'라는 이유 때문이었다. 자유노동이라는 이데

27 Susan Buck-Morss, *Hegel, Haiti, and Universal History*, p. 97(岩崎稔·高橋明史訳, 『ヘーゲルとハイチ』, p. 89).

올로기는 (중략) 영국의 노동자 계급에게는 패배를 가져다주었다.[28]

참고로 이 문장에서 그녀가 인용하고 있는 부분은, 미국의 역사가 데이비드 브리온 데이비스(David Brion Davis)의 『혁명의 시대에서의 노예제 문제』[29](1975)에 나온다.

요컨대 노예제 폐지론이 결과로서 낳은 것은, 노동자가 '약간의 임금'과 교환하기로 승낙한 '산업노예'(industrial slavery) 상태를 '자유로운 노동'(free labor)이라는 명목으로 정당화하는 자본가 측의 이데올로기였다는 것이다.

이처럼 '자유로운 노동' 이데올로기를 비판하고 있음에도 불구하고, 벅모스는 헤겔 자신이 바로 그 이데올로기의 옹호자이기도 하였다는 점을 간과하고 있다. 그녀는 헤겔을 노예해방론자로서 높이 평가하는데, 이상하게도 노예해방론자야말로 '산업노예' 상태의 옹호자이기도 하였다는 사실을 깨닫지 못하고 있다.

1817년 하이델베르크 대학에서의 강의에서 헤겔은 이미 이렇게 말하고 있다.

---

28 같은 책, p. 100(p. 94).

29 David Brion Davis, *The Problem of Slavery in the Age of Revolution, 1770~1823*, Ithaca: Cornell University Press, 1975.

나의 특수한 신체적 및 정신적인 힘과 기능(技能) 중에서 타자에게 양도할 수 있는 것은 정해진 시간 속에서의 제한된 사용이다. 왜냐하면 이러한 힘과 기능은 규정된 것으로서 나의 '인격 자체'에의 외면적인 상관관계라는 측면을 일반적으로 갖는데, 이 상관관계가 외면적인 것으로서 규정되어 정주(定住)하는 것은, 전적으로 개별적인 산물 혹은 특정한 시간으로 양도가 제한되는 것에 의하기 때문이다. 이에 대해 무제한의 시간으로 양도가 이루어진다면, 나의 보편적인 존재의 현상(現象)인 총체로서 자기의 힘이 양도되는 것이 될 것이다.[30]

나의 '인격 자체'는 분명 누구에게도 양도할 수 없는 것일 테지만, 그러나 '정해진 시간 속에서의 제한된 사용'에 멈춘다면 나의 '자유'를 손상당하지 않은 채 타인에게 양도 가능하다는 것이다. 환언하자면 설사 노동의 실태는 노예와 다르지 않더라도 그 노동이 일정한 시간 내의 것이고, 더욱이 노동자 자신이 자기의지로 그것을 '승낙'하였다면 그 노동자는 '자유'로운 존재라는 것이다. 노동시간이 '무제한'이지만 않으면 괜찮은 것이다. 그 결과에 대해서는 자유로운 자기결정의 결과이기 때문에 자기책임으로 돌려지게 된다. 이것이 노예와는 개념적으로 구별되어야 할 '자유로운 노동'의 의미 규정이었다.

참고로 1820년의 『법의 철학』에서도 거의 같은 말투가 재현된다. 확인해 두기 위해 인용하고자 한다.

---

30 Georg Wilhelm Friedrich Hegel, *Vorlesungen über Naturrecht und Staatwissenshqft, Heidelberg 1817/18*, S. 33(高橋良治監訳, 『自然法と国家学講義』, p. 36).

> 나의 특수한 신체적·정신적 제 기능(諸技能)이나 여러 활동 가능성에 관해서, 그것에 의해 이루어진 개개의 생산물과, 그것의 타인에 의한 시간적으로 제한된 사용을 나는 양도할 수 있다. 왜냐하면 이 시간적 제한에 의해, 이들 기능이나 가능성은 나의 총체성과 보편성에 대한 외면적 관계를 획득하게 되기 때문이다. 만약 노동을 통해 구체적인 것으로 되어 있는 나의 전(全) 시간과, 나의 생산물 총체를 양도하는 일이 있다고 한다면, 이때에는 나는 이러한 시간이나 생산물에 있어 실체적인 것, 즉 나의 보편적인 활동이나 현실성을 나아가서는 나의 인격성을 타인 소유에 내맡기는 격이 되고 말 것이다.[31]

그러나 그와 같은 '자유'로운 노동자가 처해 있는 사회적 상황을 헤겔은 실은 알고 있었고 우려하고도 있었다. 『법의 철학』에서 그는 이렇게 말하고 있기 때문이다.

> 시민사회가 원활하게 활동하고 있다면, 시민사회는 그 내부에서 끊임없는 인구 증가와 산업발전의 과정에 있다고 간주된다. 욕구를 매개로 한 사람들의 결합의 보편화 및 욕구를 충족시키는 수단을 준비하고 만들어 내는 방법의 보편화에 의해 부의 축적이 증대한다. 왜냐하면 이 이중의 보편성으로부터 막대한 이득이 끄집어져 나오기 때문이다. 이것이 하나의 측면이다. 다른 측면에서는, 특수적 노동의 개별화와 제한 그리고 이와 함께 이러한 노동에 묶여 있는 계급의 의존성과 곤궁이 증대한다. 후자에는 광범한 자유의 감득(感得)과 향수가 불가능해지는 것, 그리고 특히 시민사회의 정신적 장점의 감득과 향수가 불

31 Georg Wilhelm Friedrich Hegel, *Grundlinien der Philosophie des Rechts*, S. 144~145(上妻精他訳, 『法の哲学』, 上, p. 125).

가능해지는 것이 연결되어 있다.[32]

여기서 헤겔이 '특수적 노동에 묶여 있는 계급'이라 부르는 사람들이, 스미스가 '노동빈민'으로 불렀던 사람들과 거의 중첩되는 점을 알 수 있다. 즉, '자유로운 노동'의 주체이어야 할 노동자 계급은, 실제로는 '광범한 자유의 체득과 향유가 불가능해질' 정도의 '곤궁'(Not) 상태에 놓여 있는 것이다. 헤겔은 더 나아가 이렇게 이어 간다.

> 사회 구성원에게 필요한 것으로서 자연히 결정되는 일정한 생활 수준 이하로 대중이 추락하는 것은, 그리고 그에 수반하여 법의 감정이나 준법의 감정 또 자기자신의 활동과 노동에 의해 살아간다는 긍지의 감정을 잃어버릴 정도까지 되는 것은, 부랑자(Pöbel)의 출현을 야기시킨다. 이 출현은 또한 동시에, 지나치게 거대한 부의 소수자 수중으로의 집중을 보다 용이하게 만든다는 점을 동반하고 있다.
>
> 【보유(補遺)】 최저의 생활 수준, 즉 부랑자의 그것은 저절로 결정되어진다. 그래도 이 최저한은 국민에 따라 전혀 다르다. (중략) 빈곤 자체는 어떤 사람도 결코 부랑자로 만들지 않는다. 부랑자는 빈곤과 연결되어 있는 지조(志操)에 의해, 즉 부유한 자나 사회나 정부 등에 대한 내면적인 반항에 의해 비로소 부랑자로 규정된다. 나아가 이에는 인간이 우연성에 의지하고 경조부박(輕佻浮薄)해지고 일하기 싫어하는 자로 되는 것이 연결되어 있다. (중략) 그와 더불어 부랑자의 내부에는 자기의 노동에 의해 생계의 길을 찾아낸다고 하는 자긍심을

32 같은 책, S. 389(下, pp. 413~414).

갖지 않은 채 생계의 밑천을 발견하는 것을, 자기의 권리로서 요구하는 악이 발생한다. 어떠한 인간도 자연에 대해서는 자기의 권리를 주장할 수는 없으나, 그러나 사회 상태에서는, 결핍은 곧바로 이런저런 계급에 가해지는 불법의 형식(die Form eines Unrechts)을 취한다. 어떻게 하면 빈곤이 제거될 것인가라는 중대한 문제는, 특별히 근대사회를 움직이고 괴롭히고 있는 문제이다.[33]

여기서 '부랑자'로 번역된 원어의 〈Pöbel〉은 반드시 '주거부정'(住居不定)이나 '홈리스'를 뜻하는 것은 아니다. 일반적으로는 빈곤한 '하층민'을 가리켜 경멸적으로 사용되는 용어로서, 『법의 철학』의 오래된 번역에서는 '천민'으로 번역된 적도 있다. 현재 일본에서는 생활보호 대상이 될 법한 빈곤자를 상기시킬지도 모르겠다. 원어의 어감으로 보자면 배싱(bashing)의 대상이 되는 자로서, 실제로는 일할 수 있는데도 일할 의욕을 잃어버리고 생활보호에 의존하려고 하는 패거리 등의 뉘앙스도 포함하고 있다고 생각해도 좋을 것이다.

헤겔은 노동자 계급이 그 사회에서 '보통'으로 생활하는 데 필요한 '일정한 생활 수준 이하로 추락'함으로써 '준법의 감정'이나 '일에 대한 자긍심'을 잃은 하층민이 출현한다고 말한다. 이는 현대 용어로 표현하자면 '상대적 빈곤'의 문제이다.

참고로 현재 일본에서도 사용되고 있는 것은, 경제협력개발기구

---

33 같은 책, S. 389~390(下, pp. 414~415).

(OECD)가 정한 '상대적 빈곤율'의 산출방법이다. 우선 세대 전원의 가처분소득을 합산하여 세대 구성원의 수의 평방근으로 나눈 수치가 '균등화 가처분소득'이며, 그 중앙치(전세대 수의 딱 가운데에 위치하는 세대의 수치)의 반을 '빈곤선'으로 정하고, 균등화 가처분소득이 '빈곤선' 미만인 세대 구성원에 대해 '빈곤'으로 정의한다. 이 '빈곤' 세대의 사람이 전인구에서 차지하는 비율이 '상대적 빈곤율'이다(쉽게 말하자면, 상대적 빈곤율이란 전체 인구에서 빈곤 위험에 처한 인구의 비율로서, 처분 가능 소득이 중위 소득의 50%보다 낮은 사람이 전체 인구에서 차지하는 비율을 뜻한다—역주). 현재 판명되는 균등화 가처분소득의 중앙치는 244만 엔(円), '빈곤선'은 122만 엔이다. 그리고 일본의 '상대적 빈곤율'은 2009년 이후 약 16%라는 높은 수준에서 떨어지지 않고 있으며, 2016년 현재 OECD 가맹 35개국 중 6위이다.[34] 즉 현재 일본에서는 거의 6명 중 1명이 '빈곤' 세대로 생활하고 있는 셈이 된다.

헤겔은 "어떻게 하면 빈곤이 제거될 것인가라는 중대한 문제는, 특히나 근대사회를 움직이고 괴롭히고 있는 문제"라고 결론짓고 있는데, 이는 그야말로 지금도 여전히 우리 사회를 괴롭히고 있는 문제이기도 하다는 것을 알 수 있다.

그렇다면 어떻게 해야 하는가. 노동자 계급을 그와 같은 '곤궁'(Not),

---

34 OECD, *OECD Factbook 2015-2016: Economic, Environmental and Social Statistics*, Paris: OECD Publishing, 2016, p. 57.

'빈곤'(Armut), '결핍'(Mangel) 등의 상태로부터 구출할 방법은 없는가. 노동자에게는 노예와 달리 자기가 놓여 있는 '불법' 상태로부터 벗어날 '절대적인 권리'는 없는 것인가.

헤겔이 노예제를 '부정/불법'으로 단정한 것은, 노예제가 나의 '인격 자체'의 양도 불가능한 고유성을 침해하는 것이었기 때문이었다. 그에 대해 헤겔은 '자유로운 노동'을 그러한 것으로 보고 있지는 않다. 헤겔에 의하면 "나의 의지가 인격적인 의지이며 따라서 개별자의 의지이며, 소유물에 있어서 나를 객관화할 수 있기 때문에, 소유물은 사적 소유라는 성격을 갖춘다."[35] 그리고 스미스에게 '자유로운' 노동자는 '재산을 취득할 수 있는 사람'이었던 것과 마찬가지로, 헤겔에게도 임금노동자는 어디까지나 자기의지로 자기의 노동에 근거하여 '사적 소유'를 획득할 수 있는 인간인 것이다.

그렇다고 한다면 헤겔이 우려하는 노동자의 '곤궁'이나 '빈곤'은, 자유로운 인간의 사적 소유라는 원리에 저촉하는 성질의 것이 아니라 양적인 '불평등'의 문제인 것이다. 그런 의미에서의 '불평등'은 소위 피할 수 없는 당연한 사태에 불과하다. 인간에게는 태어날 때부터 갖는 신체적·정신적 소질의 '불평등'이 있으며, 그 후의 형성 과정에 의해 기술적인 능력의 '불평등'도 생기기 때문이다. 그는 이렇게 결론을 맺는다.

---

35 Georg Wilhelm Friedrich Hegel, *Grundlinien der Philosophie des Rechts*, S. 107~108(上妻精他訳, 『法の哲学』, 上, p. 96).

> 이념 속에 포함되어 있는 정신의 특수성의 객관적인 진실(Rechte)은, 자연—불평등의 소지(素地=바탕)—에 의해 정해진 인간의 불병등을 시민사회에서 폐기하지 않을 뿐만 아니라, 정신으로부터 이 불평등을 산출하고, 이를 기량(Geschicklichkeit)이나 자산(Vermögen), 더 나아가 지적 교양 형성이나 도덕적 교양 형성의 불평등으로까지 높인다. 이러한 특수성의 객관적인 진실에 대하여 평등의 요구를 대치(對置)하는 것은, 그 추상태(態)와 당위를 실재적인 것, 이성적인 것으로 간주하는 공허한 오성(悟性)에 속한다.[36]

여기서 '기량'으로 번역되어 있는 'Geschicklichkeit'는 '좋은 손재주'나 '훌륭한 솜씨'를 가리키는 말이며, '자산'으로 번역된 'Vermögen'도 또한 마찬가지로 '재산=소유'(Eigentum)가 아니라 오히려 '능력'으로 번역하는 쪽이 적절한 용어이다. 현대어로는 '인적 자본=휴먼 캐피탈'(human capital)에 가까울지도 모르겠다. 그러한 것들의 불평등은 본인의 노력의 결과로 간주되어 긍정되는 것이다.

이리하여 헤겔은 개개 노동자의 후천적인 노력의 결과로서 기술적·정신적 능력의 차이가 발생하고, 그것이 더 나아가 '지적 교양 형성이나 도덕적 교양 형성의 불평등'을 만들어 내는 사실을 당연한 일로서 시인하고 있다.

그러나 앞서 보았듯이 헤겔은 노동자 계급의 '곤궁과 빈곤'의 반대

---

36 같은 책, S. 354(下, p. 369).

측에, '지나치게 거대한 부의 소수자 수중으로의 집중'이 일어나고 있는 사실도 인식하고 있었다. 헤겔도 또한 스미스와 마찬가지로 '시민사회'의 현실이 거대한 경제격차를 낳고 있음을 충분히 알고 있었던 것이다. 그렇다고 한다면 고용자 계급과 노동자 계급 사이에서 '지적 교양 형성이나 도덕적 교양 형성의 불평등'이 세대를 통해 재생산됨으로써, 노동자 계급의 '곤궁과 빈곤'도 또한 세대를 거쳐 재생산되는 사태를 헤겔은 당연히 예측하고 있었을 것이다.

그럼에도 불구하고 '사적 소유'를 인간의 자유의 필연적 결과로서 긍정하는 입장에서, 헤겔은 노동자 계급 측에서 제기될 가능성이 있는 '평등의 요구'를 사전에 각하(却下)한다. 자유주의자 헤겔에게 '사적 소유의 자유'야말로 최우선되어야 할 '이성적인 것'이었다. 그 '사적 소유'를 비판하면서 새삼 '평등의 요구를 대치'한 사람이 마르크스이다. 그러한 가운데 '노예제'라는 말이 의미하는 바도 변화해 나가게 된다.

제4장

은폐된 노예제

_ 마르크스

1. 직접적 노예제와 간접적 노예제
2. 브레이와 마르크스
3. 마르크스와 미국 남북전쟁
4. 강제노동과 '자유로운 자기결정'
5. 「소위 본원적 축적」론의 의미

1. 직접적 노예제와 간접적 노예제

이제야 마르크스로 화제를 돌려놓을 수 있게 되었다. 확인을 위해 '머리말'에서 인용한 『자본론』 제1권 제7편의 문장을 다시 한번 적어 두기로 하자.

> 면공업은 잉글랜드에 아동노예제를 가져왔는데, 그것은 동시에 이전에는 많든 적든 가부장제적이었던 합중국의 노예경제를, 상업적 착취제도로 전화하기 위한 원동력마저도 부여하였다. 일반적으로 유럽에서 임금노동자의 은폐된(verhüllte) 노예제는, 신세계에서의 문자 그대로의 노예제를 디딤대로서 필요로 하였던 것이다.[1]

여기서 마르크스가 사용하고 있는 '은폐하다=숨기다'(verhüllen)라는 동사는, 천이나 베일 등으로 덮어씌우는(혹은 가리는) 것을 가리키는 단어이기 때문에, '은폐된 노예제'란 정확하게는 '베일로 씌워져 은폐된=숨겨진 노예제'라는 뜻이 된다. 『자본론』의 영역판은 복수 존재하는데 모두가 이를 〈the veiled slavery〉로 번역하고 있다.

『자본론』의 해설서나 연구서는 산더미처럼 많으나 그 어느 것도 마

---

1 Karl Marx, *Das kapital: Kritik der politischen Oekonomie*, Bd. 1, in: *MEGA*, Ⅱ/5, Berlin: Dietz, 1983, S. 607(岡崎次郎訳, 『資本論』 第1巻, 『全集』 第23巻 第2分册, 大月書店, 1965, p. 991).

크스의 이 표현이 무엇을 의미하는지('사실확인적'(constative)으로는 무엇을 지시하고 있는지), 그리고 그는 왜 또 무엇을 목적으로 이와 같은 표현을 사용하였는지('행위수행적'(performative)으로는 무엇을 하고 있었는지)라는 문제에 이제까지 거의 관심을 쏟아오지 않았다. 간신히 마르크스 연구서 중 하나가 이렇게 서술하고 있는 데 불과하다. "마르크스가 임노동(賃勞動) 제도의 본질을 표현할 때, '임금노예제', '백인노예제', '간접노예제', '베일을 쓴 노예제도' 등의 비유를 되풀이 사용한 것은, 당시의 노동자들 사이에 그것이 강한 호소력을 발휘하였기 때문이었다."[2]

그러나 정말로 그런 것일까. 노예제는 단순한 '비유'에 그치는 것일까. 애초에 『자본론』에 의하면, 자본주의적 생산양식이 전제로 하는 것은 '이중의 의미에서 자유로운 노동자'였었다. 『자본론』 제1권 제2편에서는 마르크스 자신이 이렇게 말하고 있지 않았던가.

> 노동력의 소지자와 화폐소지자는 시장에서 만나서 서로 대등한 상품소지자로서 관계를 맺는 것이며, (중략) 양쪽 모두 법률상으로는 평등한 사람이다. 이 관계의 지속은 노동력의 소지자가 항상 오직 일정한 시간을 한정해서만 노동력을 판매한다는 점을 필요로 한다. 왜냐하면 만약 그가 그것을 한 묶음으로 합쳐 한 번에 판매하게 된다면 그는 자기자신을 판매하는 꼴이 되어, 그는 자유인에서 노예로, 상품소지자에서 상품으로 되어 버리기 때문이다.[3]

---

2 望月清司, 『マルクス歴史理論の研究』, 岩波書店, 1973, pp. 529~530.
3 Karl Marx, *Das kapital*, S. 120~121(岡崎次郎訳, 『資本論』 第1巻, 『全集』 第23巻 第1分册, p. 220).

이 문장에 기시감을 느끼지는 않았는가. 헤겔의 『법의 철학』으로부터 인용한 것이라고 누가 말한다면 그렇다고 납득하였을지도 모른다. 『자본론』도 이러한 전제로부터 출발하고 있는 것이다. 그렇다면 이러한 '자유인'과 '노예'의 개념적 구별에도 불구하고 왜 마르크스는 임금노동을 '(베일에) 씌워져 은폐된 노예제'라 불렀는가. 그리고 그것은 '노골적인(노출된=은폐되지 않은) 노예제'와는 무엇이 어떻게 다른가.

언뜻 보기에 논리적 수미일관성을 희생하면서까지 '자유로운 노동자'의 '노예제'에 대해 언급하였던 배경에는, '자유'를 둘러싼 그리고 '정의/부정'을 둘러싼 이데올로기 비판이 숨겨져 있다. '노예제'라는 것은 단순한 '비유'가 아니다. 이 말이 '강한 호소력'을 갖는 그 역사적 문맥 자체를 밝혀내는 일이 여기에서의 과제이다.

지금 '정의'라는 말을 사용하였으므로 조금 설명을 하고자 한다. 마르크스의 '정의'론에 관해서는 이미 방대한 연구의 축적이 있다.[4] 영어권에서의 다양한 논의를 정리하고 총괄한 영국의 정치학자 노만 제라스는 "마르크스는 확실히 자본주의를 부정(unjust)하다고 생각하였으나, 자기가 그렇게 생각하고 있다고는 생각하지 않았다"[5]고 결론을 짓는다. 그러나 이 표현은 정확하지 않다. 마르크스는 '확실히 자본주의를 부정하

4 青木孝平, 『コミュニタリアン·マルクス一資本主義批判の方向転換』, 社会評論社, 2008; 松井暁, 『自由主義と社会主義の規範理論一価値理論のマルクス的分析』, 大月書店, 2012.

5 Norman Geras, "The Controversy about Marx and Justice," *New Left Review*, no. 150, 1985, p. 70.

다고 생각하였으나', 그 점에 무자각하지 않았다. 그는 '부정'이라는 개념이 역사적으로 규정된 중층적인 의미라는 점을 깨닫고, 단순히 부정하다고 비판하면서 끝내는 것이 아닌, 자본주의가 어떠한 의미에서 부정한가에 관한 논증에 고심한 것이다.[6]

그 부분에서 마르크스의 격투 대상이 되었던 것이 헤겔의 법철학이었다. 스미스가 경제적 비용의 문제로서 생각하였던 노예와 자유로운 노동자의 비교를, '정의/부정'의 문제로서 정리한 것이 헤겔의 법철학이었기 때문이다. 마르크스의 사상적 출발점은 바로 헤겔의 법철학에 대한 비판이었다. 그리고 마르크스가 '노예제'라는 말을 사용하기 시작하였을 때, 그것은 이미 그 후의 전개를 선취(先取)하는 것이었다. 마르크스가 처음으로 출판한 단행본은 프리드리히 엥겔스와의 공저 『성(聖) 가족—비판적 비판의 비판』(1845)인데, 그중 자신의 집필 부분에서 마르크스는 다음과 같이 쓰고 있다.

> 민주주의적 대의제 국가와 시민사회의 대립은, 공적인 공동체와 노예제(Sklaventum)의 고전적 대립의 완성이다. 근대세계에서 각자는 노예제의 일원임과 동시에 공동체의 일원이다. 시민사회의 노예제야말로 그 외견으로부터 말한다면 최대의 자유이다. 왜냐하면 그것은 외견상으로는 개인의 완전한 독립성

6 상세한 점은, 植村邦彦, 「労働と所有の不正義—マルクス: 貧困·疎外·奴隷制」, 姜尚中·斎藤純一編, 『逆光の政治哲学—不正義から問い返す』 第6章, 法律文化社, 2016을 참조 바란다.

이기 때문이다.[7]

자기자신이 '노예'라는 것을 깨닫지 못하는 '노예'. 주관적으로는 자기는 '최대의 자유'와 '개인의 완전한 독립성'을 향유하고 있다고 생각하는 '노예'. 그것이 마르크스가 말하는 '시민사회의 노예제'이다. 언뜻 보면 오해받을지도 모르겠으나 마르크스가 비판하고 있는 것은 근대국가에서 정치적 자유의 결여가 아니다. 설사 '민주주의적 대의제 국가'가 실현되어 그곳에서 '국민의 한 사람'으로서 정치적 자유를 획득하였다 하더라도, '시민사회'라는 장에서는 인간은 '노예'에 머물러 있다고 말하고 있기 때문이다.

여기서 마르크스가 사용하고 있는 '시민사회'라는 말은 헤겔의 『법의 철학』에서의 용어법을 계승한 것으로서, 그것은 앞 장에서 보았듯이 노동자 계급의 곤궁과 빈곤이 문제인 경제사회였다. 마르크스는 이미 전년인 1844년에 『법의 철학』의 참조 지시에 따라서 스미스의 『국부론』을 읽고 그 발췌 노트를 작성하여, 그것을 이용하면서 『경제학·철학 초고』를 쓰고 있었던 것이다.

단 이 시점에서는 마르크스가 『국부론』의 노예제론에 주목한 흔적

7 Friedrich Engels und Karl Marx, Die heilige Familie, in: Karl Marx und Friedrich Engels, *Werke* [*MEW*], Bd. 2, Berlin: Dietz, 1957, S. 123(石堂清倫訳, 「聖家族」, 『全集』 第2巻, 大月書店, 1960, p. 121).

은 없으며, 애초에 식민지 문제에 대한 관심도 엿볼 수 없다. 그의 인식이 크게 변화하는 것이 1846년이다. 러시아의 지인 파벨 바실리예비치 안넨코프(1812~1887)에게 프랑스어로 쓴 1846년 12월 28일부의 편지에서 마르크스는 '프루동 씨의 변증법'을 비판하기 위한 일례로서 다음과 같이 쓰고 있다.

> 그러면 이번에는 프루동 씨의 변증법의 일례를 보여드리지요./자유와 노예제는 하나의 적대적 관계를 이루고 있습니다. 자유의 좋은 면이나 나쁜 면을 말할 필요는 없습니다. 노예제에 관해서는 그 나쁜 면을 말할 필요는 없습니다. 오직 하나 설명을 요하는 것은 노예제의 좋은 면입니다. 문제는 간접적 노예제(l'esclavage indirect) 즉 프롤레타리아의 노예제(l'esclavage du prolétaire)가 아닙니다. 문제는 직접적 노예제(l'esclavage direct) 즉 수리남, 브라질, 북아메리카 남부 주(州)들에서의 흑인의 노예제(l'esclavage des Noirs)입니다./직접적 노예제는 기계나 신용 등과 마찬가지로 오늘날 우리 산업제도의 중요한 축이다. 노예제가 없으면 면화는 없다. 면화가 없으면 근대공업은 없다. 노예제는 식민지에 가치를 부여하고, 식민지는 세계무역을 창출하며, 세계무역은 기계제 대공업의 필수조건이다. (중략) 그렇기 때문에 노예제는 가장 중요한 경제적 카테고리이다. (중략) 이리하여 노예제는 하나의 경제적 카테고리이기 때문에 세계의 처음부터 모든 국민 속에 발견되는 것이다. 근대의 제 국민은 자국에서는 노예제를 변장시키고, 신세계에서는 이를 공공연히 수입할 수 있었을 뿐이다. 노예제에 대해 이렇게 고찰하고 나면, 이 선량한 프루동 씨는 어떻게 할까요? 그는 자유와 노예제와의 종합을, 진정한 중용을, 환언하면 노예제와 자유의 균형을 추구할 것입니다.[8]

마르크스는 이와 거의 같은 문장을 1847년 7월 파리와 브뤼셀에서 출판한 『철학의 빈곤』에서도 되풀이하고 있다.[9] 이는 피에르 조제프 프루동(1809~1865)의 전 2권 총 900페이지를 넘는(일본어 번역으로는 약 1,200페이지임) 대저 『경제적 제 모순의 체계 또는 빈곤의 철학』(1846)을 철저하게 비판한 책이다.

이 『경제적 제 모순의 체계』에서 프루동은 '경제발전'의 제1단계를 '분업', 제2단계를 '기계'로 설정하고, 이후 제4단계의 '독점', 제8단계의 '소유' 등을 거쳐 제10단계의 '인구'에 이르는 자본주의 경제의 전체상과 그것이 내포하는 제 모순을 그려 내려고 하였다. 제1단계의 '분업'에 대하여 프루동은 다음과 같이 서술하고 있다.

> 세분화된 노동은 노예의 일(une occupation d'esclave)인데 그러한 노동만이 풍요를 가져온다. 분할되지 않는 노동은 자유인(l'homme libre)의 것인데 그러한 노동은 소요된 비용도 충당하지 못한다. (중략) 곳곳에서 경험되고 있듯이, 또 이 점에서는 이론적으로도 그리 말할 수 있듯이, 분업이 진행될수록 임금은 하락한다. 그렇기 때문에 우리는 세분화된 노예노동(l'esclavage parcellaire)에 종사해도 그 덕에 풍요로워지지는 않는다는 점은 명백하다. 분업은 인간을 기

---

8 Karl Marx, Marx an Pawel Wassiljewitsch Annenkow, 28. Dezember 1846, in: *MEGA*, Ⅲ/2, Berlin: Dietz, 1979, S. 76~77(岡崎次郎訳, 「マルクスからアンネンコフへの手紙」, 『全集』 第4巻, 大月書店, 1960, p. 569).

9 Karl Marx, *Misère de la Philosophie. Résponse à la Philosophie de la Misère de M. Proudhon*, avec Notice, transcription et Notes par Kikuji Tanaka, Tokyo: Aoki Shoten, 1982, pp. 102~103(平田清明訳, 「哲学の貧困」, 『全集』 第4巻, 大月書店, pp. 135~136).

계로 바꿔놓을 뿐이다. 유럽이나 미국의 노동자 상태를 한번 보아라.[10]

여기서 프루동이 '노예/노예제'라는 말로 가리키고 있는 것은 세분화된 노동의 내용이며, 분업에 종사하는 노동자 자신은 오히려 '기계'로 변환되어 버린다고 한다. 그렇다면 그다음의 '기계제'(les machines) 단계가 되면 인간은 어떻게 되는가.

> 기계는 우리에게 부의 증대를 약속하였다. 약속은 지켜졌으나 기계는 그와 동시에 우리에게 빈곤의 증대를 가져왔다.—기계는 우리에게 자유를 약속하였다. 그러나 기계가 우리에게 가져온 것은 예종(l'esclavage)이었다. (중략) 우리가 현재 밟고 있는 단계 즉 기계의 단계는 또한 독자적인 성격에 의해 특징지어진다. 그것은 임노동(le saraliat)이다./임노동은 기계가 사용됨에 따라 직석전으로 발생하였다. (중략) 최초의 기계제, 그 가장 단순하고 가장 강건한 시스템은 공장(l'atelier)이다.[11]

기계제가 노동자에게 초래한 것은 또다시 '예종=노예제'였다고 한다. 이처럼 프루동의 대저는 기계제 공장에서 일하는 임금노동자가 처한 상황을 '노예제'라 하며 준엄하게 고발하는 것이었는데, 그 속에서 프루동은 분업은 '세분화된 노예노동'이며, 기계제 공장에서는 노동자는 기

10 Pierre-Joseph Proudhon, *système des contradictions économiques, ou Philosophie de la Misère*, 2 tomes, Paris: Guillaumin, 1846, vol. 1, pp. 120~121(斎藤悦則夫訳, 『哲学の貧困』(上·下), 平凡社ライブラリー, 2014, 上, pp. 192~193).

11 같은 책, pp. 160~161(上, p. 238).

계의 '노예'가 된다고 서술하고는 있지만. '간접적 노예제/직접적 노예제' 라는 용어도 개념도 사용하고 있지 않으며, 애초에 신대륙의 '흑인노예제'에 대해서도 전혀 언급하고 있지 않다.

따라서 '프루동 씨의 변증법의 일례'로서 마르크스가 언급한 이 두 가지 노예제의 구별도, 흑인노예제에 관한 견해도 프루동 자신의 발언이 아니고 어디까지나 마르크스 자신에 의한 가상문답이다.

단 안넨코프에게 보낸 편지에서도 『철학의 빈곤』에서도 마르크스는 '간접적 노예제'에 대해 '노예제를 변장시키다=숨기다(déguiser)'라는 단어를 사용하고 있다. 이 점으로부터 그가 무엇에서 힌트를 얻어 이와 같은 논의를 전개하였는지는 추측이 가능하다.

마르크스는 여기서 "근대의 제 국민은 자국에서는 노예제를 변장시키고, 신세계에서는 이를 공공연히 수입할 수 있었다"고 쓰고 있는데, '공공연히'(openly) 존재하는 흑인의 노예제와 '은폐되어'(disguisedly) 존재하고 있는 백인의 노예제와의 비교를, 마르크스 이전에 이미 행하였던 인물이 있었다. 그것이 존 프랜시스 브레이(1809~1897)이며, 그의 1839년 저서 『노동의 고난과 노동의 구제—힘의 시대와 정의의 시대』였다. 이에 대해서는 절을 바꾸어 좀 더 자세히 살펴보기로 하자.

2. 브레이와 마르크스

브레이가 태어난 곳은 미국의 오리건인데 1822년 13살에 아버지의 출신지인 잉글랜드 리즈로 가족과 함께 이주하여, 1832년부터는 리즈의 지방신문에서 일하면서 차티스트운동(재산 자격이 있었던 당시의 선거법 개정과 사회변혁을 요구하는 급진파 지식인과 노동자의 운동)에 관여하게 되었다. 1837년에는 '리즈노동자협회'(Leeds Working Men's Association)의 설립에도 참여하고 있다.

이처럼 미국에서 소년시대를 지내고 영국에서 성인이 된 브레이의 독자성은, 항상 2개 국가의 '노예제'를 비교하는 점에 있다. 그는 『노동의 고난과 노동의 구제』의 맨 앞에서 다음과 같이 서술하고 있다.

> 압정(壓政, tyranny)은 세계 어디에서나 같은 것으로서, 그것은 모두 동일한 원천에서 발생하고 있다.―사회의 제 계급 및 카스트 계층으로의 분할이다. (중략) 이제는 미합중국에서도 그레이트브리튼에서도 프랑스에서도 그러하며, 거기에서는 사회 전체 중의 하나 혹은 두 개의 계급이, 노동 계급(the working class)의 노고와 결핍에 의해 창출된 부를, 다른 사람이 눈치채지 못하게 부단히, 무자비하게 자기자신의 자산 속으로 삼켜버릴 수 있게끔 되어 있는 것이다. 이것이야말로 구제책(救濟策)을 필요로 하는 최대의 해악이다.[12]

---

12 John Francis Bray, *Labour's Wrongs and Labour's Remedy: or, The Age of Might and the Age of Right*, Leeds: David Green, Briggate, 1839, p. 20.

이와 같은 '사회의 제 계급으로의 분할'에 입각하여 '노동 계급'이 생산한 부를 다른 계급이 자기 소유물로 만드는 것, 즉 스미스가 이미 『국부론』에서 지적하고 머지않아 '계급적 착취'로 불리게 될 상태를 브레이는 일괄하여 '노예제'라고 지칭하고 있다. 단 '노예제'는 크게 두 종류로 나눌 수 있다. 그는 우선 '미합중국의 부자(富者) 공화주의자'를 공격 대상으로 삼으면서 다음과 같이 비판하고 있다.

> 자유 그리고 권리의 평등, 이 말의 의미를 그들은 아직 모른다. (중략) 이들 공화주의자는 자기들의 헌법 정신에 따르는 시늉조차 안하면서, 200만 명 이상 그들의 유색 동포들을 대상으로 한 숨김없는 비굴한 노예제를 고수하고 있는데, 그 유색의 동포는 가축처럼 매매되고 혹은 채찍질당하며 살해되고 있는 것이다. 원칙과 실천과의 이 명백한 모순은 그러나 부의 불평등의 자연스런 결과에 다름 아니다. 그와 같은 압정과 노예제는, 공공연하게든 숨겨져서든—흑인에 대해서든 백인에 대해서든—그 정부 형태가 어떠한 것이 되었든지 간에, 재산의 불평등과 고용자 및 피고용자로의 사회 분할이 존재해 왔던 모든 나라에 반드시 존재하고 있음이 발견될 것이다.[13]

미국에 존재하고 있는 것은 브레이의 표현에 의하면 '숨김없는 비굴한 노예제'(undisguised and abject slavery)이다. 그에 대해 '모든 나라에 반드시 존재하고 있는' 노예제는 크게 두 가지로 나누어진다. 하나는 '공공

---

13 같은 책, pp. 20~21.

연히'(openly) 존재하고 있는 '흑인'(black men)의 노예제, 또 하나는 '숨겨져서'(disguisedly) 존재하고 있는 '백인'(white men)의 노예제이다. 원어를 보면 알 수 있듯이 이는 일종의 대구(對句) 표현이다. '숨김없는 흑인노예제'와 '숨겨진 백인노예제'. 즉 미국의 흑인노예와 영국(이나 기타 유럽)의 임금노동자가 '노예제'의 두 가지 유형으로서 열거되어 있는 것이다.

여기서 브레이가 사용하고 있는 〈disguise〉라는 동사는 원래 프랑스어에서 영어로 들어온 단어로서 '변장(變裝)시키다', '위장(僞裝)시키다'라는 의미가 있다. 따라서 무언가를 위장함으로써 본래의 모습을 '숨기다'라는 뉘앙스를 갖는다. 단, '숨겨진' 노예제가 무엇에 의해 어떤 식으로 위장되어 '숨겨져' 있는지에 대한 설명은 여기에서는 하고 있지 않다.

브레이는 '재산의 불평등과 고용자 및 피고용자로의 사회의 분할'이 존재하고 있다면 반드시 노예제가 존재한다고 말하고 있으므로, 자본가에 고용된 임금노동자는 설명의 여지 없이 '노예'라고밖에는 볼 수 없는 것이다. 즉, 브레이는 계급분할이 존재하여 착취가 이루어지고 있다면 그것을 '노예제'라고 부르는 것이다. 그것은 단순한 비유가 아니다. 그리고 이 노예제의 원인은 그에 의하면 '교환의 불평등'에 있다.

> 노동자들은 이제까지 자본가에게 반년의 노동가치와 교환하여 꼬박 1년의 노동을 제공해 왔던 것이며, 바로 그런 이유로 인해 지금 우리 주위에 존재하는 바와 같은 부와 힘의 불평등이 발생한 것이다. 어디까지나 자본가는 자본가, 노동자(working men)는 노동자이며, 한쪽은 압제자(a class of tyrants)의

계급, 다른 한쪽은 노예(a class of slaves)의 계급이라는 것은, 교환의 불평등의—어떤 가격에서의 구매와 다른 가격에서의 판매의—불가결한 결과인 것이다.[14]

브레이에 의하면 노동자는 자본가에게 '꼬박 1년의 노동을 제공해왔던' 데 대해, 자본가는 노동자에게 '반년의 노동의 가치'밖에 제공하지 않는다. 이와 같은 자본가와 노동자의 '교환'이 불평등하다는 것이다. 즉 자본가가 노동자를 고용하여 일하게 함으로써 이윤을 획득하는 일, 그 자체가 '불평등한 교환'이라는 것이다.

따라서 브레이에 의하면 현재 '부자'가 향유하고 있는 "이 부는 전부, 연속하는 여러 시대에 걸친 노동 제 계급의 뼈와 근육으로부터 끄집어내어진 것이며, 불평등한 교환이라는 노예제를 창출하는 사기적인 시스템(the fraudulent and slavery-creating system)에 의해 그들로부터 손에 넣은 성과인 것이다."[15] 그 결과 노동자 계급은 '노예의 계급'으로 된다.

그뿐만이 아니다. 브레이에 의하면 현대의 노동자 계급은 과거의 '농노(農奴)나 노예'의 자손이기도 하다. 그는 이렇게 설명하고 있다.

인간은 이제까지 줄곧 인간의 소유물(property)이었다. 정부가 바뀌는 것만으로는, 만약 그것이 현재의 시스템에 접목되어 있다면, 인간이 다른 것으로 변하

14 같은 책, pp. 48~49.
15 같은 책, p. 57.

는 것을 허용하지 않을 것이다. 우리는 오래전에 노예제라는 이름과 옷을 던져 버렸음에도 불구하고 노동 계급은 여전히 낡은 시대의 그들 선조에 못지않게 소유되고 있다. 타인이 게으름을 피우는 동안에 그들은 고생한다.―그들이 생산하고 타인이 소비한다―. 하나의 계급이 명령하고 다른 계급은 복종한다.―따라서 생산자는 여전히 말 그대로 노예인 것이다. 그리고 군주가 지배하는 유럽의 노예화된 수백만 명과 공화제 미국의 그림자를 밟고 있는 수백만 명은, 현실로 똑같이 고통받고 똑같이 노동으로 고생하고 있다. 달리 어떠한 일이 실행되더라도 노동이 보편적인 것으로 바뀌고 교환이 평등하게 될 때까지는, 노예제의 원리와 실천은 결코 파괴될 수 없으며, 인간이 진정한 의미에서 자유로워지는 일도 있을 수 없다.[16]

여기서도 브레이는 유럽의 노동자 계급은 '말 그대로 노예'라고 단언한다. 그리고 유럽의 임금노동자와 미국의 흑인노예는 "현실로 똑같이 고통받고 똑같이 노동으로 고생하고 있다"고 말한다. 양자는 동일시되어 병렬되어 있다. 그렇다면 양자는 무엇이 어떻게 다른가. 여기에서도 명확한 설명은 없으나 그의 생각을 추측할 수 있는 부분이 있다. "우리는 오래전에 노예제라는 이름과 옷을 던져 버렸다"는 문장이다. 즉, 유럽의 임금노동자는 지금은 더 이상 '노예제'로 불리지 않음에도 불구하고 실태로서는 여전히 '말 그대로 노예'라는 것이다. '노예제'라고는 불리지 않는 모습으로 변장이 된 노예제. 위명(僞名, 거짓 이름)의 노예제. 그것

16 같은 책, p. 69.

이 '숨겨진(은폐된) 노예제'라는 말에 담겨 있는 의미라고 생각하면 좋을 것이다.

여하튼 브레이는 '노예제의 원리와 실천'을 파괴하여 '인간이 진정한 의미에서 자유로워'지기 위해서는, '노동이 보편적인 것으로 바뀌고 교환이 평등하게 되는' 일이 필요하다고 말한다. 그러나 '교환의 불평등'을 없애는 일은, '자본가와 생산자로의—고용자와 피고용자로의—사회의 분할'[17] 그 자체를 없애는 것을 분명 의미할 터이다. 그렇다고 한다면 그를 위해서는 구체적으로 어떻게 해야 하는가.

브레이가 최종적으로 제기하는 바는, '현재의 시스템'을 변혁하고 그에 대신해 '재산 공유라는 사회 시스템'(the social system of community of possessions)[18]을 실현하는 일이다. 이 미래의 시스템을 그는 다음과 같이 묘사하고 있다.

> 부자와 가난뱅이, 혹은 고용자와 피고용자라는 현재 사회에서의 구별은 전면적으로 전복된다.—사회는 오직 하나의 계급, 정신적 노동이나 수작업을 하는 노동자(labourers)만으로 구성되고, 그들은 무수한 공동체 혹은 주식회사(communities or joint-stock companies)에 통합되어, 그 안에서는 노동이 보편적인 것으로 되며, 보수는 노동시간에 비례한 것이 된다.—이들 공동체가 국민의 토지와 생산자본의 소유권을 보유한다.—이들 공동체가 마찬가지로 총

17 같은 책, p. 96.
18 같은 책, p. 178.

> 약 20억 파운드 스털링(Pound sterling)의 유통 중인 은행권이나 지폐를 소유한다.—그리고 이들 공동체가 상호간에 보편적으로 부를 생산 혹은 분배하고, 광범위하게 걸친 평등의 원리에 입각하여 그들 노동과 노동생산물을 교환한다. 이 거대한 노동의 연합체(confederation)는, 현대의 주식회사와 비슷한 성격을 갖고 있으며, 동일한 장치를 수단으로 삼아 그 귀결을 전진시켜 나갈 것이다.[19]

그러나 현재의 시스템으로부터 이익을 얻고 있는 '부자/고용자/자본가'가 이러한 사회변혁을 묵묵히 받아들이겠는가. 브레이는 "이들 모든 운동과 변화는 혁명이다"[20]라고도 말하는데, 변혁의 전면성이나 거대함을 강조하는 한편에서 그 '혁명'의 구체적 진로에 관해서는 언급하고 있지 않다.

브레이가 차티스트운동에 관여하고 있었던 사실은 본 절의 첫머리에서 서술하였다. 그렇다고 한다면 그도 또한 다른 차티스트와 마찬가지로, 성인남자의 보통참정권이 실현된다면 노동자 계급이 사회변혁을 추진하기 위한 정치적 권력을 손에 넣을 수 있다고 생각하고 있었던 것으로 추측된다. 그것을 위해서라도 우선은 문제를 사회에 호소하여 설득하는 일이 중요하였다. 그는 다음과 같이 진술하고 있기 때문이다.

---

19 같은 책, p. 178.
20 같은 책, p. 178.

재산 공유라는 사회 시스템은 그와 같은 성격을 갖고 있기 때문에, 그것은 그 자체의 내부에, 경제학자들이 바라던 필요한 모든 것뿐 아니라 정치가들이 실현하고자 하였던 정치적 평등의 모든 것까지도 포함하고 있다. 그리고 논의의 여지가 없는 사실에 의해, 현재의 시스템하에서는 이들 사안의 어느 하나라도 사회 대부분의 이익을 낳고 있지 않다는 점은 이미 증명되어 있다.[21]

브레이가 이 책을 출판한 해에 차티스트는 성인남자 보통참정권 등을 의회에 요구하는 제1회 '국민청원'운동을 전개하였다. 그러나 그들의 청원서는 의회에서 부결되고 나아가 그에 대한 항의운동이 첨예화됨에 따라, 운동지도자에 대한 대량 체포가 일어나는 결과를 가져왔다. 차티스트운동에 대한 소위 제1차 탄압이다. 그러한 탄압을 경험한 브레이는 1842년에 영국을 탈출하여 미국으로 돌아오는데, 디트로이트에서 인쇄공으로 일하면서 그 후로도 미국의 노동운동에 계속 관여하게 된다. 그는 그야말로 '대서양을 두루 돌아다닌 급진파'(transatlantic radical)[22]였다.

마르크스는 안넨코프에게 편지를 쓰기 전인 1846년 7월부터 8월에 걸쳐 맨체스터에 체류하고 있었는데, 거기서 대량의 영어책을 읽고, 그것을 스스로 독일어로 번역하면서 9권의 발췌 노트를 작성하였다. 실은 그 안에 브레이의 저작 『노동의 고난과 노동의 구제』로부터 50페이지 넘

21 같은 책, p. 191.
22 Jamie Bronstein, *John Francis Bray: Transatlantic Radical*, Pontypool, Wales: Merlin Press, 2009 참조.

게 상세하게 발췌한 내용도 포함되어 있었다.[23] 마르크스는 『철학의 빈곤』에서 브레이를 '영국의 공산주의자'[24]로 소개하면서, 그 저서를 약 10페이지에 걸쳐 인용하며 코멘트를 달고 있는데, 그때 이용한 것이 이 발췌 노트였던 것이다. 단, '숨겨진 백인노예제'에 언급한 브레이의 서술 자체는[25] 발췌 노트에는 필사되어 있음에도 불구하고[26] 『철학의 빈곤』에서는 인용되지 않았다. 이것도 하나의 '은폐'인 것일까.

그렇다면 '직접적 노예제'와 '간접적 노예제'라는 마르크스의 노예제 인식은 브레이를 차용한 것이며 내용적으로 동일한 것이라고 말해도 좋을 것인가라는 질문에 대한 답은 그렇지는 않다라는 것이다. 이미 확인하였다시피 브레이는 식민지 노예제와 유럽 임금노동자의 상태는 노동의 실태가 가혹한 '강제노동'이라는 점에서는 동일하지만, 차이는 '노예제'라는 이름으로 불리는지 불리지 않는지에 있다고 논하고 있었다.

그에 대해 마르크스의 독자성은, 두 가지 노예제를 병렬할 뿐 아니라 양자의 관계 자체에 질문을 던진 점에 있었다. 그에 의하면 식민지의 노예제 플랜테이션은 '기계제 대공업의 필수조건'으로서 자본주의적 생

---

23 Karl Marx, Exzerpte und Notizen Juli 1845 bis Dezenber 1850, in: *MEGA*, Ⅳ/5, Berlin/München/Boston: Walter de Gruyter, 2015, S. 5~59.

24 Karl Marx, *Misère de la Philosophie*, p. 50(平田清明訳, 「哲学の貧困」, 『全集』 第4巻, p. 97).

25 John Francis Bray, *Labour's and Labour's Remedy: or, The Age of Might and the Age of Right*, pp. 20~21.

26 Karl Marx, Exzerpte und Notizen Juli 1845 bis Dezenber 1850, S. 10.

산에 편입·내장되어 있다. 즉 자본주의는 '세계무역'을 통한 본국(중심부)의 노예제와 식민지(주변부)의 노예제의 밀접한 관계 위에 성립하고 있는 것이다. 마르크스의 이 인식은 20세기의 '세계시스템'론으로 계승되어 갔다고 볼 수 있다.

그러나 우리는 우선 다음 질문부터 시작하기로 하자. 마르크스는 식민지의 '직접적 노예제'를 구체적으로는 어떠한 것으로 인식하고 있었을까.

3. 마르크스와 미국 남북전쟁

방금 보았듯이 마르크스는 1846년 시점에서, 식민지의 노예제 플랜테이션이 '기계제 대공업의 필수조건'이며, 자본주의는 '세계무역'을 통한 유럽의 '간접적 노예제'와 식민지의 '직접적 노예제'의 밀접한 관계 위에 성립하고 있다고 하는 세계인식을 가지고 있었다. 그리고 그 후로도 그는 특히 미합중국 남부의 '직접적 노예제'에 관한 관심을 계속 보유하였다.

예를 들어 1853년 6월의 엥겔스에게 보낸 편지에서 마르크스는, 미국의 경제학자 헨리 찰스 케어리(1793~1879)가 『국내 및 국외의 노예무역』[27](1853)이라는 저서를 보내왔다는 사실을 알려주며, 다음과 같이 쓰고 있다.

> 이 책 속에서 적극적으로 흥미를 느끼게 하는 유일한 점은, 자메이카 등에서 왕년의 영국 흑인노예제(Negersklaverei)와 합중국 흑인노예제를 비교한 내용이다. 그(케어리)는 다음과 같은 점을 지적하고 있다. 자메이카 등에서 흑인의 주력은 끊임없이 새로이 수입되는 미개인(barbarians)이었는데, 그 이유는 영국인의 취급하에서는 흑인은 그 인구를 유지할 수 없었을 뿐 아니라, 해마다의 흑인 수입량의 3분의 2까지 소진되어 버리는 것이 일상이었기 때문이다. 그런데 미국의 현재 흑인세대는 미국 국내산으로서, 많건 적건 양키(Yankee)화되어 있으며 영어를 사용하기도 하여, 때문에 해방 가능하게 되어 있다고.[28]

케어리의 이 저서는 유럽 국가들과 그 식민지에서의 노예무역과 노예제의 역사와 현상을 논한 전 21장 426페이지에 달하는 대저인데, 그 중에서 마르크스에게 '적극적으로 흥미를 느끼게 하는 유일한 점'은, 미합중국에서 흑인노예제의 '해방 가능성'에 대해 논한 부분이었다는 점은 주목해도 좋을 것이다.

마르크스는 이 '해방 가능'이라는 단어에 밑줄을 긋고 강조하고 있다. 단, 그는 케어리의 논의에 전면적으로 찬성하고 있는 것은 아니다. 실은 마르크스는 케어리가 이처럼 '영국의 흑인노예제와 합중국의 흑인

---

27 Henry Charles Carey, *The Slave Trade, Domestic and Foreign: Why It Exists, and How It May Be Extinguished*, Philadelphia: A. Hart, 1853.

28 Karl Marx, Marx an Engels, 14. Juni 1853, in: *MEGA*, Ⅲ/6, Berlin: Dietz, 1987, S. 198(岡崎次郎訳, 「マルクスからエンゲルスへ」, 『全集』 第28巻, 大月書店, 1971, p. 220).

노예제'를 비교하여, 아프리카 출신의 '미개인'(마르크스는 이 용어를 일부러 케어리가 사용하고 있는 대로의 영어로 표기하고 있다)과 합중국 태생의 '문명화된=양키화된' 흑인과의 차이를 강조하고 있는 것에 대한 비아냥을 표명하고 있는 것이다. 그 점은 인용한 부분 전후에서 마르크스가 케어리의 대저 속의 주장을 비판하고 있는 점으로부터 명백하다.

마르크스가 볼 때, 케어리는 영국이 "세계의 공장이 되어 다른 모든 국가를 제조공업으로부터 분리된 미개한 농업으로 역전시키고 있는" 사실에 반대하고 있는 인물이며, '박애주의적'인 형태 아래 "미국의 보호관세론자적 부르주아지를, 즉 공업 부르주아지를 대표하고 있는" 인물이었다.[29] 그러한 입장에서 케어리는 영국의 공업과 연결된 합중국 남부의 흑인노예제 플랜테이션을 비판하고 있는 것이다. 케어리가 대변하고 있는 합중국 북부의 공업 부르주아지와, 남부의 노예제 플랜테이션 소유자와의 이해 대립은 머지않아 양립할 수 없을 정도로 고조되어 나가게 된다.

1860년 11월의 미합중국 대통령선거에서 노예제 확대에 반대하고 있었던 에이브러햄 링컨(1809~1865)이 당선되자, 12월에는 사우스캐롤라이나주(존 로크의 시대부터 흑인노예를 부리고 있었던 노예주(州)!)가 합중국으로부터의 탈퇴를 선언하고, 이듬해인 1861년에는 남부 7개 주가 '아메리카

29 같은 책, S. 197~198(pp. 219~220).

연합국'(Confederate States of America, 남부연합)을 결성하였다. 그리고 4월에는 합중국과 남부연합 사이에 전투가 시작된다. '미국의 내선'(the Civil War), 즉 남북전쟁(1861~1865)이다. 참고로 그 기간에 케어리는 링컨 대통령의 경제고문이 된다.

남북전쟁 발발 후인 1861년 10월, 마르크스는 미국의 신문 뉴욕 데일리 트리뷴(*New York Daily Tribune*)에 「영국의 면화무역」이라는 논설을 기고하여, 그 속에서 다시금 '간접적 노예제'와 '직접적 노예제'의 관계에 대해서 논하고 있다. 미국에서 최대의 발행부수를 자랑하는 이 공화당계 신문은 노예제 반대와 보호무역의 기치를 내걸고 합중국 북부의 여론 형성에 커다란 영향을 주고 있었는데, 마르크스는 1851년 8월 이래 이 신문의 런던 통신원으로서 기고를 계속하고 있었다. 이 논설에서 그는 이렇게 쓰고 있다.

> 일반적으로 영국의 근대공업은 어느 쪽도 기괴한 2개의 축에 의존하고 있다. 하나는 아일랜드와 대부분의 영국 노동자 계급의 유일한 식료인 감자이다. (중략) 영국 공업의 제2의 축은 합중국 노예가 생산하는 면화였다. 현재 미국의 위기(=남북전쟁)는, 영국 공업에 대해 그 (원료의) 공급원을 확대하고, 노예를 사육하고 소비하는 과두지배자들의 손으로부터 면화를 해방할 것을 강요하고 있다. 영국의 목면(木綿=면포) 제조업자가 노예가 생산하는 면화에 의거하고 있는 한, 그들은 그야말로 이중의 노예제에, 즉 영국 본국에서의 백인의 간접적인 노예제(the indirect slavery of the white man)와 대서양 반대편에서의 흑인의 직접적 노예제(the direct slavery of the black men)에 의존하고 있다고

단언해도 잘못은 아닐 것이다.[30]

제1절에서 본 1846년의 안넨코프에 보낸 편지에서는, 마르크스의 논의의 강조점은 미국의 노예제가 영국의 근대공업에 불가결한 구성요소를 이루고 있는 사실 자체에 있었다. 그에 대해 남북전쟁 발발 후의 이 시점에서는, 오히려 영국의 목면제조업자가 원료공급원을 확대하여 미국 남부의 '노예가 생산하는 면화'에 의존하지 않게 될 가능성을 시사하는 것에 역점이 있는 듯이 보인다. 즉 이 논설에는, 남부연합의 노예소유자들에 대해 그 경제적 기반이 상실될 가능성을 경고함으로써 그들을 동요시키려는 의도가 있었던 것이 아닐까 생각된다.

그다음 달에 같은 뉴욕 데일리 트리뷴에 마르크스가 기고한 논설은 「유럽의 인민」의 이름으로, 보다 명확하게 합중국에 대한 연대를 표명하는 글이었다.

> 유럽의 인민은, 남부의 노예소유자 계급(slaveocracy)이, 노예지배의 존속은 연방(=합중국)의 존속과 더 이상 양립할 수 없다고 선언하고 이 전쟁을 시작하였던 사실을 알고 있다. 따라서 유럽의 인민은, 연방 존속을 위한 투쟁은 노예지배 존속에 반대하는 투쟁이며,—그리고 이 투쟁에서는 지금까지 실현된 인

30 Karl Marx, "The British Cotton Trade," *New-York Daily Tribune*, no. 6405, October 14, 1861, in: *Karl Marx and Frederic Engels Collected Works* [*MECW*], vol. 19, London: Lawrence & Wishart, 1984, pp. 19~20(荒牧正憲訳, 「イギリスの綿花貿易」, 『全集』 第15巻, 大月書店, 1965, p. 302).

민자치의 최고의 형태가, 역사의 연대기에 기록된 인간의 노예화의 가장 비열하고 가장 몰염치한 형태에 도전하고 있다는 점을 알고 있다.[31]

같은 시기에 마르크스는 빈(비엔나)의 자유주의적인 일간지 디 프레세(*Die Presse*)에도 남북전쟁에 관한 기사를 기고하고 있는데, 이쪽은 빈의 리버럴파에 대해 합중국에 대한 지원을 설득하기 위해서인지 뉴욕 데일리 트리뷴과는 약간 논조가 달라지고 있다. 그는 이렇게 쓰고 있다.

남부와 북부의 현재 투쟁은 2개의 사회제도, 노예제(System der Sklaverei)와 자유노동제(System der freien Arbeit) 간의 투쟁에 다름 아니다. 양 제도가 더 이상 북아메리카 대륙 위에 평화적으로 공존할 수 없기 때문에 이 투쟁이 발발한 것이다. 이 투쟁은 어느 한쪽 제도의 승리에 의해서밖에는 종결할 수 없다.[32]

스미스나 헤겔에 입각하여 보아왔듯이, 그리고 벅모스가 강조하고 있었듯이, 이 시대의 자유주의자에게 '노예제라는 시스템'은 절대적인 악이었다. 그에 대해 여기서 마르크스가 말하는 '자유로운 노동이라는 시

---

31 Karl Marx, "The London Times on the Orleans Princes in America," *New-York Daily Tribune*, no. 6426, November 7, 1861, in: [*MECW*], vol. 19, p. 30(杉本俊朗訳, 「ロンドン『タイムズ』のアメリカにおけるオルレアン諸公子論」, 『全集』 第15巻, p. 310).

32 Karl Marx, Der Bürgerkrieg in den Vereinigten Staaten, in: *Die Presse*, Nr. 306 vom 7. November 1861, in: *MEW*, Bd. 15, Berlin: Dietz, 1961, S. 346(中西弘次訳, 「合衆国の内戦」, 『全集』 第15巻, p. 329).

스템'은 자유주의자에게는 옹호해야 할 것이었다. 따라서 '노예제' 대 '자유로운 노동'이라는 대립구도에서 어느 쪽을 지원해야 할 것인지는 자유주의자에게는 자명한 일이었다.

그러나 마르크스에게 적어도 유럽에서 '자유로운 노동'이란 '백인의 간접적 노예제'에 다름 아닌 것이었다. 더욱이 거꾸로 말하면, '흑인의 직접적 노예제' 자체도 그에게는 세계 규모에서의 '자본주의적 생산'의 불가결한 일부를 이루는 것이었다. 이 남북전쟁과 병행하여 쓰고 있었던 1861~1863년의 『경제학비판』 초고에서 마르크스는 다음과 같이 명언하고 있다.

> 처음부터 상업투기이며 세계시장을 위해 생산하고 있는 제2의 종류의 식민지—농장(plantations)—에서는 자본주의적 생산이 이루어진다. 그렇더라도 형식적인 데 불과하다. 왜냐하면 흑인노예제는 자유로운 임노동을, 따라서 자본주의적 생산의 기초를 배제하기 때문이다. 그러나 흑인노예를 사용하여 사업을 경영하는 것은 자본가이다. 그들이 들여오는 생산방법은 노예제로부터 발생한 것이 아니라 노예제 위에 접목되는 것이다. 이 경우에는 자본가와 토지소유자와는 동일인물이다.[33]

따라서 미국의 남북전쟁은 실제로는 '자본가' 대 '자본가'의 전쟁인

---

33 Karl Marx, Zur Kritik der politischen Ökonomie (Manuscript 1861-1863), in: *MEGA*, Ⅱ/3.3, Berlin: Dietz, 1978, S. 936(時永淑他訳, 「経済学批判(1861-1863年草稿)」 第3分册, 『資本論草稿集⑥』, 大月書店, 1981, pp. 422~423).

것이다. 그래도 마르크스는 남북전쟁에서는 시종일관 노예제에 대해 '자유로운 노동'을, 즉 남부연합에 대해 합중국을 지원하는 측에 붙었다. 헤겔이 되풀이하여 주장한 '노예가 스스로를 해방할 절대적인 권리'는, 그 자체로서는 마르크스에게도 역시 의심할 여지가 없는 것이었다. 다음 해인 1862년 8월의 디 프레세의 기사에서 그는 다음과 같이 쓰고 있다.

> (합중국 의회의) 제4의 법률에 의해, 반도(叛徒=남부연합)가 소유하는 노예는 모두 공화국(=합중국)군의 수중으로 귀의한다면 곧바로 해방하기로 정해졌다. 현재 처음으로 시행될 예정인 또 하나의 법률은, 이들 해방된 흑인을 전투부대로 편성하여, 남부와의 전쟁에 파견할 수 있다고 규정하고 있다. 라이베리아(Liberia) 및 아이티의 흑인공화국 독립은 승인되고, 마지막으로 노예무역 폐지를 위한 조약이 영국과의 사이에 체결되었다. 이리하여 전운(戰運)이 어느 쪽으로 유리하게 돌아가든 흑인노예제가 내전 후 오래 살아남을 수 없다는 것은 이제 확정적으로 되었다고 말할 수 있다.[34]

해방된 흑인노예가 전투부대에 편성되어 남부의 노예소유자와의 전쟁에 임한다. 남북전쟁에서는 그야말로 '노예가 스스로를 해방할 절대적인 권리'가 전투라는 형태로 실제로 행사되고 있는 것이다. 벅모스가 말하는, 헤겔이 아이티혁명에서 느낀 '혁명의 목격이라는 역사적 경험으

---

34 Karl Marx, Zur Kritik der Dinge in Amerika, in: *Die Presse*, Nr. 217 vom 9. August 1862, in: *MEW*, Bd. 15, S. 527(田口陽一訳, 「アメリカの事態の批判」, 『全集』 第15巻, p. 502).

로서의 집합적 열광'에 가까운 것을, 마르크스 또한 남북전쟁에서 느끼고 있었을지 모른다. 이 점에서도 마르크스는 명백히 헤겔과 마찬가지로 '노예가 스스로를 해방할 절대적인 권리'를 옹호하는 입장에 서 있었던 것이다.

참고로 남북전쟁에 대한 마르크스의 대응을 상세히 검토한 미국의 사회학자 케빈 앤더슨에 의하면, "마르크스주의의 전통에서는, 북부 제주(諸州)가 대자본에 의해 지배되고 있었음에도 불구하고 마르크스가 일관되게 북부를 지원하고 있는 사실에 당혹해하는 사람들도 있었다"[35]고 한다. 그러나 그와 같은 의문에 대해서는, 마르크스 자신이 『자본론』에서 다음과 같이 대답하고 있다.

> 북아메리카합중국에서는 노예제가 공화국의 일부 외관을 손상시키고 있었던 동안에는 독립된 노동운동은 모두 마비 상태에 있었다. 검은 피부의 노동(흑인 노예)이 소인(燒印)을 찍힌 곳에서는 하얀 피부의 노동(백인 임금노동자)이 해방될 리 없다. 그러나 노예제도의 죽음으로부터는 순식간에 하나의 젊어진 생명이 발아하였다. 남북전쟁의 첫 번째 성과는, 기관차라는 1보(步) 7마일의 장화(長靴)로 대서양에서 태평양까지를, 뉴잉글랜드에서 캘리포니아까지를 두루 돌아다닌 8시간 운동(1일 8시간 노동제를 쟁취하기 위한 운동을 의미—역주)이

---

35 Kevin B. Anderson, *Marx at the Margins: On Nationalism, Ethnicity, and Non-western Societies*, Chicago and London: The University of Chicago Press, 2010, p. 82(平子友長監訳, 『周縁のマルクス—ナショナリズム, エスニシティおよび非西洋社会について』, 社会評論社, 2015, p. 135).

있다.[36]

흑인노예에게는 '스스로를 해방할 절대적인 권리'가 있다. 이는 동시대의 자유주의자도 박애주의자도 인정하는 '정당한' 권리였다. 그것을 주장함으로써 '직접적 노예제'의 폐지에 성공하였다면, 다음은 '간접적 노예제'의 차례이다. 그리고 헤겔이 일관되게 노예 자신의 '스스로를 해방할 절대적인 권리'를 옹호하였듯이, 마르크스 또한 임금노동자 자신이 '간접적 노예제'를 알아차리는 것을 해방의 필요조건으로 삼고 있었다. 그 제1보가 장시간 노동을 부당한 것으로서 거부하는 일이었던 것이다.

마르크스는 『자본론』의 앞 문장에 뒤이어, 1866년 8월에 미국의 볼티모어에서 개최된 전국노동자대회가 다음과 같은 선언을 채택한 사실을 소개하고 있다.

> 이 나라의 노동을 자본주의적 노예제도로부터 해방하기 위해 필요한 현하(現下) 최대의 급무는, 미연방 모든 주에서 표준노동일을 8시간으로 하는 법률의 제정이다. 우리는 이 빛나는 성과에 도달할 때까지 우리의 전력을 다할 것을 결의하였다.[37]

---

36 Marx, *Das Kapital*, S. 239~240(岡崎次郎訳, 『資本論』 第1巻, 『全集』 第23巻 第1分冊, p. 395).

37 같은 책, S. 240(p. 396).

노동자를 '자본주의적 노예제도'(capitalist slavery)로부터 해방할 것, 그것이 남북전쟁 후의 즉 노예해방 후의 미국 노동운동의 과제라고 미국의 노동자 자신이 선언한 것이다. 이 전국노동자대회(national labor convention)에서 창설된 것이 '미국 전국노동조합'(the National Labor Union)이었다. 노동자가 '스스로를 해방할 절대적인 권리'를 자각한 순간이다.

그러면 '영국 본국에서 백인의 간접적 노예제'는 어떻게 되었을까.

4. 강제노동과 '자유로운 자기결정'

우리는 새삼 질문하지 않으면 안된다. 유럽에서의 '자유로운 노동자'의 노동을 왜 '간접적 노예제'라고 부를 수 있는가. 그것은 어떠한 의미에서 '간접적'인가. 『자본론』에서의 용어에 입각해 말한다면, 무엇이 무엇을 누구에 대해서 '숨기고' 있는가.

무엇이 무엇을 '숨기고' 있는가. 물론 '자유로운 노동'이라는 규정이, '강제노동'의 실태를 은폐하고 있는 것이다. 그 점은 예를 들어 브레이에게도 인식되어 있었기 때문에, 그는 노동자의 상태를 '노예제'로 표현하였던 것이다. 그러나 그것만으로는 '비유'에 불과하다고 일축될 뿐이다. 헤겔의 말을 사용하면, 그와 같은 노동 자체가 노동자 자신의 '자유로운 의지'에 의해 승인되었으며, 계약에 입각하여 '제한된 시간 속에서' 이루어진 것이기 때문에 '부정'(不正)하지는 않은 것이 된다.

그러나 적어도 잉글랜드 면공업에서의 '아동노예제'는 단순한 비유가 아니었다. 마르크스는 『자본론』에서 다음과 같이 설명하고 있다.

> 기계는 또 자본관계의 형식적인 매개, 즉 노동자와 자본가 사이의 계약까지도 근저에서 변혁한다. 상품교환의 기초 위에서는, 자본가와 노동자가 자유로운 인간으로서, 독립된 상품소지자로서, 한편은 화폐와 생산수단의 소지자, 다른 한편은 노동력의 소지자로서 서로 마주한다는 것이 첫 번째 전제였다. 그러나 현재는 자본은 미성년자 또는 반(半)성년자를 구매한다. 이전에는, 노동자는 그 자신의 노동력을 판매한 것이며, 이를 그는 형식적으로는 자유로운 사람으로서 처분할 수 있었다. 그는 이제는 처자식을 판매한다. 그는 노예상인이 된다. 아동노동에 대한 수요는, 종종 형식으로 보더라도 미국의 신문광고에서 흔히 보였듯이 흑인노예에 대한 수요와 닮아 있다.[38]

19세기의 유럽에서는 어린이뿐만 아니라 여성도 또한 계약주체로서의 완전한 법적 인격을 인정받지 못하는 상태에 있었다. 다른 국가들에 앞서서 영국에서 여성의 재산소유권이 법적으로 승인된 것은 1870년의 「기혼여성 재산법」에 의해서이다. 『자본론』의 집필 시점에서, 공장에서 일하는 미성년이나 여성은 '형식적'으로도 자신의 노동력을 자신의 '자유로운 의지'에 의해 처분할 수 있는 '자유로운 노동자'가 아니었다. 더욱이

---

38 같은 책, S. 324(p. 516).

'공장'이라는 생산 시스템 자체가 '농장과 공장의 융합물'인 식민지 플랜테이션의 역수입이었던 점은 이미 지적한 대로이다. 벅모스의 말을 빌리자면 "맨체스터의 초기 공장을 식민지 시스템으로 이해하는 것은 잘못이 아니다. 식민지 시스템이 이번에는 모국을 침략하는 것이다."[39]

그렇다면 성인남성 노동자의 경우는 어떠한가. '형식적으로는 자유로운 사람'이 '노예'와 똑같은 것은, 스미스의 말을 사용하자면 첫째로 그가 '재산을 취득할 수 없는 사람'이기 때문이다. 마르크스는 『경제학비판요강』(1857~1858)에서 자본의 품안에 있는 노동자와 노예를 다음과 같이 대비하고 있었다.

> 노동능력(=노동자)이 가공하는 원재료는 타인의 원재료이며, 마찬가지로 도구도 타인의 도구이다. 노동능력이 실행하는 노동은 실체로서의 원재료·도구에 대한 부속물로서 나타나는 것에 불과하며, 그 때문에 또한 노동능력에는 속하지 않는 것 속에 자기를 대상화하는 것이다. 아니 거기에 그치지 않고 살아 있는 노동 자체가—그것은 살아 있는 노동능력이 실행하는 노동이며, 살아 있는 노동능력 자신의 생명의 발현임에도—살아 있는 노동능력에 대립하는 타인의 것으로서 나타난다. 왜냐하면 살아 있는 노동은 대상화된 노동과 교환으로, 노동 자체의 생산물과 교환으로, 자본에 양도되어 버렸기 때문이다. (중략) 노동능력이 생산물을 자기자신의 것이라고 꿰뚫어 보는 일, 그리고 자기실현

39 Susan Buck-Morss, *Hegel, Haiti, and Universal History*, Pittsburgh: University of Pittsburgh Press, 2009, p. 102(岩崎稔·高橋明史訳, 『ヘーゲルとハイチ—普遍史の可能性にむけて』, 法政大学出版局, 2017, p. 96).

의 제 조건으로부터의 분리를 괘씸한 강제된 분리라고 판단하는 것,—이는 뛰어난(보통이 아닌) 의식으로서 그 자체가 자본에 입각한 생산양식의 산물이다. 그리고 그것이 이 생산양식의 멸망의 전조인 것은, 마치 노예가 자기는 누군가 제3자의 소유물일 리가 없다고 하는 의식을 갖게 되고, 자신이 인간이라는 의식을 갖게 되면, 노예제는 더 이상, 가까스로 그 인위적인 정재(定在)를 유지하는 것밖에 할 수 없으며, 생산의 토대로서 존속할 수 없게 되어 버린 것과 똑같다.[40]

여기서 '괘씸한'이라고 번역되어 있는 〈ungehörig〉라는 말은, '부적당' 혹은 '불상응'(不相應)으로 번역할 수도 있다. 노동자가 자신이 처해 있는 노동조건을, 자기에게는 어울리지 않는, 부당한 것으로 판단하는 것을 말한다. 마르크스는 그것을 '뛰어난'(enorm) 의식, 즉 '표준적 규범'(norm)을 넘는 의식이라고 말하고 있는 것이다. 그리고 그는 예를 들어 아이티의 흑인노예가 '자신이 인간임'을 자각한 것과 동일하게, 자본주의 사회의 노동자가 스스로의 소유 박탈 상태를 자신에게 어울리지 않는 것이라고 꿰뚫어 보는, 그러한 "뛰어난 의식"의 성립 자체가 '자본에 입각한 생산양식 멸망의 전조'라고 말하는 것이다.

이 문장은 『요강』「자본에 관한 장」의 「자본의 재생산과 축적」이라는 절에 실려 있는데, 마르크스는 이 문장을 거의 그대로 1861~1863년의

40 Karl Marx, Grundrisse der Kritik der politischen Ökonomie (Manuscript 1861-1863), in: *MEGA*, Ⅱ/1.2, Berlin: Dietz, 1981, S. 370~371(渡辺憲正他訳, 「経済学批判要綱」 第2分册, 『資本論草稿集②』, 大月書店, 1993, pp. 103~104).

『경제학비판』 초고 말미 「소위 본원적 축적」 단편에서도 되풀이하고 있다. 단, 거기에서 마르크스는 이 문장의 후반 부분의 일부(앞 인용문에서 중략이라고 표시한 곳 바로 뒤)를 다음과 같이 고쳐 쓰고 있다.

> 노동능력이 생산물을 자기자신의 것이라고 꿰뚫어 보는 일, 그리고 자기실현의 제 조건으로부터의 분리를 불공정(ein Unrecht)—강제관계(Zwangverhältnisse)—하다고 판단하는 일,—이는 뛰어난 의식으로서 그 자체가 자본에 입각한 생산양식의 산물이다.[41]

여기서는 노동자가 생산조건이나 생산물로부터 분리되어 있는 것, 이 소유 박탈 상태는 명확하게 '하나의 부정(不正)=강제관계'라고 단언되어 있는 것이다. 그리고 마르크스가 이처럼 명확하고 강한 표현으로 고쳐 쓴 것은, 남북전쟁이 발발하고 나아가 해방된 노예가 남부의 노예소유자와의 전투에 참가하게 된 시기와 겹쳐 있다. 그는 남북전쟁의 귀추를 응시하면서 『자본론』으로 결실을 맺는 『경제학비판』 초고를 써 나가고 있는 것이다.

앞서 인용하였던 『경제학비판요강』(및 1861~1863년 초고)의 문장에 따르면, '자유로운 노동자'라는 언설이 은폐하고 있는 것이란, 노동의 제

---

41 Karl Marx, Zur Kritik der politischen Ökonomie (Manuscript 1861-1863), in: *MEGA*, Ⅱ/3.6, Berlin: Dietz, 1982, S. 2237(大野節夫他訳, 「経済学批判(1861-1863年草稿)」 第6分冊, 『資本論草稿集⑨』, 大月書店, 1994, p. 598).

조건도 노동생산물도, 그뿐 아니라 '노동 그 자체'(노동의 의미나 즐거움) 마저도 노동자로부터 빼앗겨져 있다는 소유 박탈의 상태이며, 노동자가 '직접적 노예제'와는 다른 형식으로 노동을 '강제'당하고 있다는 상태인 것이다. 그 점 자체는 브레이나 프루동 등 초기사회주의자들의 공통인식이기도 하였다. 그렇기 때문에 그들은 임금노동자의 상태를 '노예제'라고 부른 것이다.

그에 대해 마르크스가 여기서 새로이 덧붙인 인식은, 유럽의 노동자들 자신이 그와 같은 '강제관계'의 의미를 깨닫지 못하고 있다는 점이었다. 따라서 그것을 깨닫는 일, 자신이 놓여 있는 상태를 '부정'하다고 꿰뚫어 보는 일, 그 자체가 '뛰어난 의식'인 것이며, 그와 같은 자각을 획득하는 일이야말로 결정적이라고 말하는 것이다.

이 1861~1863년 초고에서 마르크스는 노동자의 '자유로운 자기결정이라는 의식'에 입각해서도 다음과 같이 서술하고 있다.

> 자유로운 자기결정의—자유의—의식은, 한 쪽(자유로운 노동자)을 다른 쪽(노예)에 비하여 월등하게 좋은 노동자로 만든다. 책임감(das Gefühl der responsibility)도 또한 그러하다. 왜냐하면 같은 종류의 다른 상품판매자들에 의해 떠밀리기 싫다면, 여느 상품판매자도 그러하듯이 그는 자기가 공급하는 상품에 대해 책임을 지고, 어떤 일정한 질을 갖는 상품을 공급하지 않으면 안되기 때문이다. 노예와 노예소유자 관계의 연속성이란, 노예가 직접적 강제에 의해 유지되는 그러한 관계를 말한다. 이에 반해 자유로운 노동자는 스스로 관계를 유지하지 않으면 안된다. 그 이유는 노동자로서 그의 존재는 그가 자

본가에 대한 자기 노동능력의 판매를 끊임없이 갱신하는 것에 달려 있기 때문이다.[42]

즉, 자신이 '자유로운 자기결정'을 함으로써 현재의 일자리를 얻어 노동하고 있는 것이며, 더욱이 이 일자리 자체가 다른 노동자와의 경쟁에 의해 언제 잃어버릴지 모른다는 자각과 불안을 품은 '자유로운 노동자'는, 그 결과로서 강한 '책임감'을 갖는다는 것이다. 여기서 마르크스는 '책임'(responsibility)이라는 말을 영어 그대로 사용하고 있다. 아마도 동시대의 영국에서 이 말이 널리 사용되고 있었다는 사실을 반영하고 있는 것이라 생각된다. 현재 일본에서 '자기책임'이라는 말이 널리 사용되고 있는 것과 마찬가지로.

그리고 책임감이 강한 '자유로운 노동자'는 "자기가 공급하는 상품에 대해 책임을 지고, 어떤 일정한 질을 갖는 상품을 공급하지 않으면 안된다"고 생각하고 있다는 것이다. 자기를 연마하는 일, 자기자신을 계발(啓發)하여 다양한 능력을 향상시키는 일. 그러나 '자유로운 노동자'가 그렇게 하는 것은, 자기자신의 생활이 혹은 생존이 "자본가에 대한 자기 노동능력의 판매를 끊임없이 갱신하는 것"에 의존하고 있기 때문에 다름 아니다.

참고로 『자본론』에서는 동일한 내용이 다음과 같이 설명되어 있다.

---

42 같은 책, S. 2133~2134(p. 375).

사회적 입장에서 본다면 노동자 계급은 직접적 노동 과정의 밖에서도 생명 없는 노동도구와 마찬가지로 자본의 부속물이다. 노동자 계급의 개인적 소비조차도 어떤 한계 속에서는 단지 자본의 재생산 과정의 한 계기에 불과하다. 그러나 이 과정은 이러한 자기의식이 있는 생산도구가 도망치는 일이 없도록 하기 위해, 그들의 생산물을 끊임없이 한쪽의 극인 그들로부터 반대 극의 자본에게로 멀리 떼어 놓는다. 개인적 소비는, 한편으로는 그들 자신의 유지와 재생산이 이루어지도록 하고, 다른 한편으로는 생활수단을 잃어버리게 됨으로써 그들이 끊임없이 반복하여 노동시장에 출현하도록 만든다. 로마의 노예는 사슬에 의해, 임금노동자는 보이지 않는 실에 의해 그 소유자에게 묶여 있다. 임금노동자의 독립이라는 외관은, 개개의 고용주가 끊임없이 교체됨으로써, 또 계약이라는 의제(擬制)에 의해 유지되는 것이다.[43]

노동자의 임금은 '그들 자신의 유지와 재생산이 이루어지는' 최저한의 수준으로 유지되어 있기 때문에, 그들은 나날의 '개인적 소비'에 의해 '생활수단을 잃어버리게 된다'. 즉, 그는 스미스가 말하는 의미에서 '재산을 취득할 수 없는 사람'이므로, 생활을 지속하기 위해서는 '자유로운 자기결정'에 의해, 고용주와 형식상은 대등한 '계약'을 맺음으로써 자기 노동력을 노동시장에서 계속 판매하는 일을 '강제'당하고 있다.

그러나 애당초 '자유로운 자기결정'이란 복수의 선택지가 있음을 전제로 하는 것으로서, 다른 선택지가 없다면 그것은 '자유'로운 것이 아

43 Karl Marx, *Das Kapital*, S. 464(岡崎次郎訳,『資本論』第1巻,『全集』第23巻 第2分册, pp. 746~747).

니다. 노예가 당하는 것이 폭력적인 '직접적 강제'라고 한다면, '자유로운 노동자'는 고용되어 일하는 것 이외에 선택지가 없고, 실업자가 되면 살아갈 수 없는 경제적인 '간접적 강제'를 받고 있는 것이다. 더욱이 '자유로운 자기결정'의 결과에 대해서는 필연적으로 '자기책임'을 추궁받게 된다.

이와 같은 상태야말로 '은폐된 노예제'인 것이다. 그리고 그것은 '은폐된 부정'에 다름 아니다. 그러나 그렇다면 애초에 '공정/부정'은 무엇에 의해 결정되는가. 마르크스는 1863~1865년의 『자본론』 제3부 초고에서, 자본주의 사회에서의 '자연적 공정'(natural justice)과 '거래의 공정'(die justice der transactions)이라는 말을 영어(혼용)로 인용하면서 이렇게 설명하고 있다.

> 여기서 '자연적 공정'에 관해 말하는 것은 무의미하다. 생산 당사자들 사이에서 이루어지는 거래의 공정은, 이들 거래가 생산관계로부터 자연적 귀결로서 발생하는 것에 근거해 있다. 법률적 제 형태에서는 이들 경제적 거래는 관여자들의 의지행위로서 나타나고, 그들의 공통 의지의 발현으로서, 또 개개의 당사자에 대해 국가에 의해 강제할 수 있는 계약으로서 나타나는데, 이러한 법률적 제 형태는 단순한 형태로서 이 내용 자체를 규정할 수는 없다. 이러한 형태는 단지 이 내용을 표현할 뿐이다. 이 내용은 그것이 생산양식에 대응하고 적합하기만 하다면 공정(gerecht)한 것이다. 생산양식과 모순되어 있다면 그것은 불공정(ungerecht)이다. 예를 들어 노예를 사용하는 일은 자본주의적 생산양식의 기초 위에서는 불공정한 것이다.[44]

여기서 마르크스가 시사하는 바는, '공정/부정'이라는 판단 자체가 '자연적'인 것이 아니라 역사적·사회적으로 제약되어 있다는 점이다. 과거 카리브해 식민지나 미합중국 남부의 여러 주에서는 노예제가 주요 생산양식으로서, 거기에서는 '노예를 사용하는 것=노예제'(Sklaverei)는 의문의 여지가 없는 전제였다. 거기서 문제가 되었던 것은 노예제의 비용이 높은가 낮은가라는 점뿐이다. 그러나 '자유로운 노동자'를 고용하는 생산양식이 지배적으로 된 사회에서는 노예제는 '부정'한 것으로 의식되었으며, '자유'의 이름하에 노예무역 폐지나 노예제 폐지가 주장되기에 이른 것이다.

그러나 그것은 동시에 '자유로운 노동자' 자신의 의식을 '거래의 공정'이라는 사상의 내부로 회수하는 것이기도 하였다. 그렇기 때문에 마르크스는 노동자를 자본주의 사회의 '상식'으로부터 해방하기 위한 주장을 줄곧 표출하였다. 1865년 6월 런던에서 개최된 '국제노동자협회'(International Working Men's Association) 중앙평의회 강연에서 그는 영어로 다음과 같이 발언하고 있다.

'공정한 1일의 노동에 대해서 공정한 1일의 임금을!'(A fair day's wage for a

---

44 Marx Karl, Das Kapital (Ökonomisches Manuscript 1863-1865), in: *MEGA*, Ⅱ/4.2, Berlin: Dietz, 1992, S. 412~413(岡崎次郎訳,『資本論』第3巻,『全集』第25巻 第1分册, 大月書店, 1966, p. 423).

fair day's work!)이라는 보수적인 모토 대신에, 그들(노동자 계급)은 그 깃발에 '임금제도의 폐지!'(Abolition of the wages system!)라는 혁명적인 표어를 적어 두어야 한다.[45]

노동자 자신이 '임금의 인상'이 아니라 '임금제도의 폐지'를 기치로 내걸게 되는 사태, 그를 위해 필요한 것이 '뛰어난 의식'이었던 것이다. 그리고 새삼 확인해 두고 싶은데, 이처럼 '은폐된 부정'을 폭로해 보인 문장은 1861~1863년 초고에서 그 말미에 위치하고, 『자본론』에서는 제1권의 말미에 배치된 「소위 본원적 축적」론 속에서 서술되어 있었다. 그것은 대체 무엇을 의미하는 것일까. 「소위 본원적 축적」이란 대체 무엇을 과제로 설정한 논의였을까.

5. 「소위 본원적 축적」론의 의미

『자본론』에서의 마르크스 자신의 증언에 의하면, 「소위 본원적 축적」이란 "애덤 스미스가 말하는 〈선행적 축적〉(previous accumulation)"을 뜻하며, "본원적 축적이 경제학에서 맡는 역할은, 원죄가 신학에서 맡는 역할

45 Karl Marx, Value, Price, and Profit, in: *MEGA*, I/20, Berlin: Dietz, 1992, S. 186(横山正彦訳, 「賃金, 価格, 利潤」, 『全集』 第16巻, 大月書店, 1966, p. 154).

과 내제로 동일하다"[46]고 한다. 이는 도대체 무엇을 의미하는 것일까.

스미스 자신은 『국부론』에서 '저장(비축)의 축적'(accumulation of stock)에 관하여 이렇게 서술하고 있었다.

> 일단 저장(비축)이 개개인의 수중에 축적되어 버리면, 그들 중 어떤 자는 자연스레 근면한 사람들을 취업시키기 위해 사용할 것이다. 그들이 그러한 근면한 사람들에게 원료와 생활재료를 공급하는 것은, 근면한 사람들의 생산물을 판매함으로써 (중략) 이윤을 얻기 위해서이다.[47]

명백히 이것은 자본가와 그에 고용된 노동자의 관계가 어떤 식으로 성립하였는지를 설명하기 위한 '이야기'이다. 자본가는 일정 수의 노동자를 고용하여 생산을 실행하는 데 필요한 '원료나 생활재료'를 준비하기 위한 고액의 자금을 현재 갖고 있어야만 한다. 그렇기 때문에 스미스는 "저장의 축적은 사안의 성질상 분업보다 앞서서 존재해야 하며, 따라서 선행하는 저장의 축적 증가에 대응할 때만이 노동의 세분화는 증가할 수 있다"[48]고 말한다. 자본 금액에 응해서 기업 규모도 확대한다는 뜻이

---

46 Karl Marx, *Das Kapital*, S. 574(岡崎次郎訳, 『資本論』 第1巻, 『全集』 第23巻 第2分冊, p. 932).

47 Adam Smith, *An Inquiry into the Nature and Causes of the Wealth of Nations*, edited by R. H. Campbell, A. S. Skinner and W. B. Todd, Oxford: Clarendon Press, 1976, pp. 65~66(水田洋監訳 · 杉山忠平訳, 『国富論』(全4分冊), 岩波文庫, 2000~2001, ①, p. 92).

48 같은 책, S. 277(②, pp. 16~17).

다. 그는 더 나아가 「자본의 축적에 관하여」(Of the Accumulation of Capital)라는 제목의 장(제2편 제3장)에서는, "근면이 아니라 검약이 자본 증가의 직접적 원인"[49]이라고 말하고 있다.

즉 스미스에 의하면, 금욕적이고 절약가인 독립생산자가 우선 '저장'을 '축적'하고, 다음으로 그것을 사용하여 '근면한 사람들'을 고용하여 분업에 종사시킴으로써, '저장'이 '자본'으로 전화하는 것이다. 이와 같은 자본가에 의한 '선행적 축적' 이야기가 은폐하고 있는 것은, 애초에 그 '금욕적 절약가'가 어떻게 하여 다른 사람을 고용할 수 있을 만큼의 '저장'을 축적할 수 있었는가, 다른 한편으로는 다른 '근면한 사람들'이 어떻게 하여 자립적 생활조건을 잃고 고용노동자로 될 수밖에 없었는가 하는 현실의 역사적 과정이다.

문화인류학이 지적하다시피, 사안의 실제 역사적 '기원'을 은폐하여 별도의 '이야기'를 제시하는 것이 '신화'라고 한다면, 이러한 스미스의 '선행적 축적' 이야기도 하나의 '신화'이다. 그렇기 때문에 마르크스는 그것을 '신학상의 원죄'에 비유한 것이었다. 로빈슨 크루소적인 독립생산자의 근면과 절약이 '자본'의 '기원'이라고 하는 '신화'를 해체하는 일, 그것이 「소위 본원적 축적」론의 과제였던 것이다.

마르크스는 미국 남북전쟁이 한창이던 1862년 2월에 디 프레세지에

---

49 같은 책, S. 337(②, p. 122).

거고한 논설에서 이미 다음과 같이 쓰고 있었다.

> 리버풀의 상업상 융성은 노예무역에서 유래하고 있다. 리버풀이 영국의 시문학(詩文學)을 풍성하게 만든 유일한 공헌은 노예무역의 송가(頌歌)이다. 50년 전에 윌버포스가 리버풀의 땅을 밟으려면 생명의 위험을 수반하였다. 이전 세기의 노예무역이 그러하였듯이 금세기에서는 노예제의 산물—면화—의 무역이 리버풀 융성의 물질적 기초를 이루고 있다. 그렇기 때문에 리버풀이 영국에서 분리파(=아메리카 남부연합) 아군의 중심지라 하더라도 조금도 놀랍지 않다.[50]

마르크스가 이름을 들고 있는 윌리엄 윌버포스(William Wilberforce, 1759~1833)는 영국의 정치가로서, 제2장 제2절에서 소개한 토마스 클라크슨의 영향을 받아 노예무역 폐지운동에 가담하여, 하원의원으로서 노예무역 폐지법안을 의회에 제출한 인물이다. 마르크스에 의하면 과거에 노예무역으로 번영한 리버풀 상인들이 노예무역 폐지운동에 폭력적으로 적대한 것과 마찬가지로, 현재 면화 수입으로 재산을 형성한 리버풀 자본가들은 남북전쟁에 대해서는 노예제 플랜테이션의 존속을 원하면서 남부연합을 지원하고 있다는 것이다. 그리고 『자본론』의 「소위 본원적 축적」 장에서 마르크스는 이렇게 되풀이하고 있다.

> 영국은 1743년까지 매년 4,800명의 흑인을 스페인령 아메리카에 공급할 권리

50 Karl Marx, Interventionsfeindliche Stimmung, in: *Die Presse*, Nr. 34 vom 4. Februar 1862, in: *MEW*, Bd. 15, S. 458(毛利健三訳, 「干渉反対の気分」, 『全集』 第15巻, p. 436).

를 손에 넣었다. 이는 동시에 영국의 밀무역을 공인된 것처럼 보이게 하는 가면을 부여하였다. 리버풀은 노예무역의 기초 위에서 크게 성장하였다. 노예무역은 본원적 축적의 리버풀적 방법을 이루고 있다.[51]

'본원적 축적의 리버풀적 방법'! 리버풀의 자본가들은 스미스가 말하는 바와 같은 '검약'에 의해 자본을 축적한 것이 아니다. 그리고 그들의 자본축적은 맨체스터의 면공업 성장과 밀접하게 연계되어 있다. 실은 지금 인용한 이 문장의 바로 뒤에, 본서에서 몇 번 인용하였던 "면공업은 잉글랜드에는 아동노예제를 가져왔다"로 시작하는 '은폐된 노예제' 비판이 이어지는 것이다. 그리고 그 뒤에 직접 이어지는 것이 다음 문장이었다.

자본주의적 생산양식의 '영원한 자연법칙'을 해방하고, 노동자와 노동 제 조건의 분리 과정을 완성하며, 한쪽의 극에서는 사회의 생산수단과 생활수단을 자본으로 전화시키고, 반대의 극에서는 민중을 임금노동자로, 자유로운 '노동빈민'으로, 이 근대사의 예술작품으로 전화시킨다는 것은, '이렇게도 뼈가 부서지는 작업'(고대 로마의 시인 베르길리우스의 작품 『아이네이스』로부터의 인용)이었던 것이다. 만약에 화폐가 오지에(프랑스의 저널리스트)가 말하듯이, '볼에 붉은 멍을 띠고 이 세상에 태어난다'고 한다면, 자본은 머리에서 발끝까지 모든 털구멍에서 피와 오물을 흘리면서 탄생하는 것이다.[52]

---

51 Karl Marx, *Das Kapital*, S. 607(岡崎次郎訳, 『資本論』 第1巻, 『全集』 第23巻 第2分冊, p. 990).
52 같은 책, S. 607(p. 991).

마르크스는 여기서 '노동빈민'(arbeitende Arme)이라는 말을 괄호에 넣어 사용하고 있는데, 이것이 『국부론』에서 스미스 자신이 몇 번이고 적었던 '노동빈민'(labouring poor)의 독일어역임은 명백할 것이다. 스미스가 말하는 '근면한 사람들'(industrious people)은 자본가에 고용되어 일함으로써 '자유로운 노동빈민'으로 전화되는 것이다.

이처럼 자본가를 선의의 '검약'가로 묘사하고, 임금노동자를 '자유로운 노동자', '근면한 사람들'로 묘사하는 자유주의적 '신화'는, 다른 한편으로는 노예제를 '부정'하다고 분명하게 말하고 있었다. 그에 대해 '자본주의적 생산양식의 기초 위'에서는 문제가 되는 것은 '거래의 공정'이었다. 거기에서는 '자유로운 노동자' 자신이 노동력이라는 '상품'의 소지자로서, 자신의 노동력을 '일정한 시간을 한정하여' 판매하는 '거래'의 주체가 된다. 그렇기 때문에 스미스는 『국부론』에서 다음과 같이 쓰고 있었다.

> 일단 분업이 완전히 확립되어 버리면, 사람이 자기자신의 노동의 생산물로 충족할 수 있는 것은, (중략) 그 자신의 노동의 생산물 중 그 자신의 소비를 넘는 잉여 부분을, 타인의 노동의 생산물 중 그가 필요로 하는 부분과 교환하는 것에 의해서이다. 이리하여 누구나가 교환을 함으로써 생활하는 것이며, 환언하면 어느 정도 상인이 되는 것이며, 사회 자체가 상업적 사회라고 불리는 게 당연한 것이 된다.[53]

53 Adam Smith, *An Inquiry into the Nature and Causes of the Wealth of Nations*, p. 37(水田

스미스에게 노예는 '재산을 취득할 수 없는 사람'인 데 비해, '자유로운 노동자'는 '어느 정도 상인'화된 사람이다. 자신을 노동력이라는 '상품'의 소지자로 간주하여, '자유로운 자기결정'에 의해 자신의 '상품가치'를 높이는 데 노력하며, 다른 한편으로는 매사에 '자기책임'을 추궁당하는 '상인'으로서의 임금노동자. 그러한 '상인' 의식을 내면화한 노동자야말로 마르크스의 설득 대상인 것이다.

그에 대해 생산 제 조건의 소유를 박탈당한 '자유로운 노동자'가, 한편에서 카리브해나 미국의 흑인노예제의 실태를 알게 되어 그것과 자기자신을 비교하고, 다른 한편으로 생산자가 동시에 소유자이기도 하였던 생산양식이 역사적으로 다양한 형태로 세계 각지에 존재하였다는 것을 알 수 있게 된다면, 자신이 놓인 상태가 '노예제'와 똑같다는 사실을 깨닫고, 그것은 '부정'하다고 인식할 수 있게 될 것이다. 그것이야말로 자본주의 사회의 '표준적인 사회규범'인 '자유로운 자기결정'과 그에 대응하는 '자기책임'이라는 이데올로기로부터 해방된 '뛰어난 의식'이었다.

그 때문에 마르크스는 『자본론』에서도 자본주의의 기둥의 하나였던 동시대 미국의 흑인노예제 실태와 '자유로운 노동'의 동일성을 되풀이하여 강조하였던 것이다.

洋監訳·杉山忠平訳, 『国富論』, ①, p. 51).

이름이 다를 뿐이지 남의 일이 아닌 것이다! 노예무역을 노동시장으로 고쳐 쓰고, 켄터키나 버지니아를 아일랜드로, 또 잉글랜드나 스코틀랜드나 웨일스의 농업지방으로 고쳐 쓰며, 아프리카를 독일로 고쳐 써서 읽어 보라! 우리는 얼마나 과도한 노동이 런던의 제빵노동자를 처치(일회용품처럼 사용하고 그대로 버린다는 뜻-역주)해 버리는지 들어 알지만, 그래도 여전히 런던의 노동시장은 독일인이나 그 밖의 목숨을 건 제빵업 지원자로 넘쳐나 있는 것이다.[54]

그리고 그와 동시에 마르크스는 노동자가 임금을 받음으로써 자기 자신의 '노예제'를 보지 못하게 되는 점, 즉 임금이 '노예제'를 '은폐하는' 기제에 대해서도 되풀이하여 강조하는 것이다.

노예노동에서는, 노동일 중 노예가 그 자신의 생활수단의 가치를 보전하는 부분, 즉 그가 사실상 자신을 위해 노동한 부분조차도 그의 주인을 위한 노동으로서 나타난다. 그의 모든 노동이 지불되지 않은 노동으로서 나타난다. 임노동에서는 반대로, 잉여노동 또는 지불되지 않은 노동조차도 지불된 것으로서 나타난다. 전자의 경우에는 노예가 자신을 위해 노동하는 것을 소유관계가 은폐(verbergen)하는 것이며, 후자의 경우에는 임금노동자가 무상으로 노동하는 것을 화폐관계가 은폐하는 것이다.[55]

임금노동자에게는 임금이 실제로는 '노동력의 가치'(=자기자신의 생존

---

54 Karl Marx, *Das Kapital*, S. 209(岡崎次郎訳, 『資本論』 第1巻, 『全集』 第23巻 第1分冊, p. 349).

55 같은 책, S. 337(第2分冊, pp. 699~700).

의 재생산에 필요한 수준의 생활수단의 상품가격)에 의해 결정되어 있음에도 불구하고, 그것이 마치 '일정한 시간을 한정하여' 제공한 '노동' 자체에 대한 대가인 것처럼 보임으로써 '무상노동'의 착취가 '은폐되어 있다'는 것이다.

이와 같이 본다면 『자본론』 제1권의 말미에 「소위 본원적 축적」론이 위치하고 있는 점, 그리고 거기서 처음으로 '은폐된 노예제'라는 용어가 사용되고 있는 점의 의미는 이제 명확할 것이다.

이 책(『자본론』)은 '법률상으로는 평등한 인간' 사이의 계약이라는 자유주의적인 법학과 경제학의 전제로부터 출발하면서, 노동자가 고용된 후에 공장 문 안으로 들어가 '자본 아래에서 노동의 실질적 포섭'과 '착취'의 실태를 밝혀낸다. 또 자본의 축적 과정에서는, 자본가의 '자기노동에 입각한 소유'가 (설사 실제로 존재하였다 하더라도), 자본관계 자체의 재생산의 반복에 의해, 그것이 '타인노동의 착취에 입각한 타인노동의 취득'으로 바뀌고 있다는 점을 논증한다. 그리고 마지막으로, 애초에 전제되어 있었던 자기노동과 절약에 입각한 '선행적 축적' 자체가 '신화'에 불과하다는 점을 명확히 한다.

다시 한번 확인하고자 한다. 자본주의적 생산양식의 구조를 해명하는 데 그치지 않고, 자본주의적 생산양식을 '공정한' 것으로서 정당화하는 자유주의적 '신화' 자체를 해체하는 것, 자유주의 이데올로기로부터 노동자를 해방하여, 그들이 '뛰어난 의식'을 획득할 수 있도록 도와주는 것, 그것이야말로 마르크스의 '경제학비판'의 과제였던 것이다.

마지막으로 『자본론』 이후의 마르크스에 대해 언급함으로써 이 장을 마무리하고자 한다. 『자본론』 제1권을 출판한 후, 마르크스는 '은폐된 노예제'라는 말을 더 이상 사용하지 않는다. 그는 임금노동을 형용사 없는 노예제로서 표현하게 되는 것이다. 그리고 임금노동자의 노예제를 대체하는 시스템으로 주장하게 되는 것이, '자유로운 협동적 노동' 혹은 '협동조합적 생산'이었다. 1871년의 파리 코뮌에서 '국제노동자협회 총평의회의 호소'를 위해 기초(起草)된 「프랑스 내란」의 제1 초고에 그는 이렇게 쓰고 있다.

> 노동자 계급은 그들이 계급투쟁의 여러 국면을 경과하지 않으면 안된다는 것을 알고 있다. 노동의 노예제(the slavery of labour)의 경제적 제 조건을, 자유로운 협동조합(free and associated labour)의 제 조건으로 대체하는 일은, 시간을 요하는 점진적인 작업일 수밖에 없다는 점(경제적 개조), 그를 위해서는 분배의 변경뿐만 아니라 생산의 새로운 조직이 필요하다는 점, 혹은 오히려 현재의 조직된 노동에 기반한 사회적 생산 제 형태(현재의 공업에 의해 발생한)를, 노예제의 족쇄로부터, 그 현재의 계급적 성격으로부터 구출하여(해방하여), 전국적 및 국제적으로 조화로운 방식으로 결합할 필요가 있다는 점을, 그들은 알고 있다.[56]

---

56 Karl Marx, The Civil War in France (First Draft), in: *MEGA*, I/22, Berlin: Dietz, 1978, S. 59(村田陽一訳, 『「フランスにおける内乱」第1草稿』, 『全集』, 第17巻, 大月書店, 1966, pp. 517~518).

나아가 1875년의 『독일 노동자당 강령 평주(評注)』(소위 『고타강령 비판』)에서는, 마르크스는 "임노동제도란 하나의 노예제도이며, 더욱이 노동자가 받는 임금 수준이 타당한가 아닌가와는 상관없이, 노동의 사회적 생산력의 발전에 따라 더욱더 가혹해지는 노예제도"[57]라는 점을 지적하고 나서, "노동자들이 협동조합적 생산(die genossenschaftliche Produktion)의 제 조건을 사회적 규모로, 우선 자국에 국민적 규모로 만들어 내려고 하는 것은, 그들이 현재의 생산 제 조건의 변혁을 추구하면서 일하는 것을 의미하는 것이며, 국가보조를 받고 협동조합을 설립하는 것과는 아무런 공통점도 없다"[58]고 지적하였다.

그리고 마르크스는 '독일 사회주의 노동자당'이라는 이름으로 결성하게 되는 노동자당의 강령 초안이 '임금철칙'(평균임금이 생존 수준의 최저한까지 인하된다는 경제법칙)이라는 용어를 사용하고 있는 탓에, '노동자가 받는 임금 수준이 타당한가 아닌가'를 문제 삼고 있는 것처럼 오해받을 가능성이 있음을 엄격히 지적하면서 다음과 같은 코멘트를 덧붙였다.

> 그것은 마치 노예제의 비밀을 간파하여 드디어 반란을 일으킨 노예들 속에서, 시대에 뒤처진 사고에 여전히 얽매여 있는 어느 한 명의 노예가, 반란의 강령에 이렇게 쓰는 것과도 같다.—노예제는 폐지되어야만 한다. 왜냐하면 노예제도

---

57 Karl Marx, Randglossen zum Programm der deutschen Arbeiterpartei, in: *MEGA*, I/25, Berlin: Dietz, 1985, S. 19(望月清司訳, 『ゴータ綱領批判』, 岩波文庫, 1975, pp. 47~48).
58 같은 책, S. 20(p. 50).

하에서는 노예를 부양하는 비용은 낮게 결정된 어느 한계를 넘을 수 없기 때문이다!라고.[59]

노예제는 인간의 '인격성'과 그 '자유'를 침해하는 제도이며, 노예에게는 '스스로를 해방할 절대적인 권리'가 있다고 헤겔은 말하였다. 그에 대해 마르크스는, '자유로운 노동자'가 현실로는 '자유로운 자기결정'을 하지 못하고 있다는 사실, 그리고 생산의 제 조건이나 생산물의 소유로부터 배제되어 있어서 '재산을 취득할 수 있는 사람'이 아니라는 점을 지적하면서, 스미스나 헤겔로 대표되는 '자유로운 노동'이라는 '신화'를 비판하였다. 나아가 '자유로운 협동적 노동' 혹은 '협동조합적 생산'이라는 다가올 생산양식의 기초 위에 서서 본다면, 임금노동자를 고용하여 착취하는 것은 '부정하다'는 논리로 자본주의적 생산양식을 비판한 것이다.

이와 같이 생각한다면, 즉 앞으로 실현되어야 할 새로운 생산양식을 사상적으로 선취하여 생각한다면, 역시 '자본주의는 부정'한 것이며, 따라서 '은폐된 노예제'하에 있는 임금노동자에게도, 과거의 노예와 마찬가지로 '스스로를 해방할 절대적인 권리'가 있다. 이것이 마르크스가 '노예제'라는 말을 사용함으로써 '자유로운 노동자'에게 전하고자 한 메시지였던 것이다.

---

59 같은 책, S. 19(p. 48).

제5장

새로운 베일

_ 신자유주의

1. 신자유주의적 반혁명
2. '자립'과 '자기책임'
3. '인적 자본'
4. '자기계발'
5. '강제된 자발성'

1. 신자유주의적 반혁명

마르크스가 '은폐된 노예제'의 베일을 벗겨 내려고 한 지 이미 150년이 경과하였다. 그동안 노동자들은 그리고 우리는 '뛰어난 의식'을 내면화할 수 있었는가. '임금제도의 폐지'를 요구할 수 있었는가.

현실은 오히려 역행하고 있다. 자본주의가 글로벌화하여 지구 곳곳을 뒤덮으려 하고 있는 현재, 우리는 스미스가 말하는 '상인'은커녕 의식상으로는 '자본가'가 되어 자기 노동력을 단순한 '상품'을 넘어서 '인적 자본'으로까지 간주하게 되고 있다. 다시 말해 자기의 노동능력이 미래의 이익을 창출하는 '투자' 대상인 것처럼 논하고 있다. 정말로 그것이 '자본'이라면 스스로는 일하지 않아도 이윤이나 이자를 가져다줄 테지만, 적어도 일본 노동자의 실질적인 구속노동시간은 '8시간 노동'이 아직도 절실하게 요구될 정도로 장시간이다.

대체 이 기간 동안 무슨 일이 일어난 것일까. 20세기 전반에 발생한 것 중 하나는 '마르크스주의'의 기치하에 '사회주의'를 자칭한 국가들의 성립이며, 또 하나는 '사회주의' 국가군과 적대하면서도 바로 '사회주의'에 대항하기 위해서 그 압력을 받으며 자본주의국에 도입된 '복지국가'적 사회보장정책의 전개이다. 그에 비해 20세기 후반에 나타난 일은, '사회주의' 국가군의 경제적·정치적 곤란과 붕괴이며, 그것을 곁눈질하면서 시작된 1980년대 이후의 주요 자본주의 국가에서의 '복지국가' 정책의 철히이다. 후자를 가리켜 '신자유주의적 반혁명'이라 부른 것은 영국 출신의 경제지리학자 데이비드 하비였다.

하비는 '신자유주의'를 다음과 같이 정의내리고 있다.

> 신자유주의란 무엇보다도 강력한 사적 소유권, 자유시장, 자유무역을 특징으로 하는 제도적 틀의 범위 내에서 개개인의 기업활동의 자유와 그 능력이 무제약으로 발휘됨으로써 인류의 부와 복지가 최대로 증대한다고 주장하는 정치경제적 실천의 이론이다. 국가의 역할은 이러한 실천에 어울리는 제도적 틀을 창출하고 유지하는 것에 있다. 예를 들어 국가는 통화의 품질과 신뢰성을 지켜야 한다. 또 국가는 사적 소유권을 보호하고 시장의 적정한 작동을 필요하다면 실력을 사용해서라도 보장하기 위해 군사적, 방위적, 경찰적, 법적인 틀이나 기능을 창출하지 않으면 안된다. 나아가 시장이 존재하지 않는 경우에는(예컨대, 토지, 물, 교육, 의료, 사회보장, 환경오염 등의 영역), 시장 자체를 창출하지 않으면 안된다.―필요하다면 국가의 행위에 의해서라도. 그러나 국가는 이러한 임무 이상의 것들을 행해서는 안된다.[1]

잘 알려져 있듯이 신자유주의적 정책을 실행에 옮긴 것은, 1979년에 영국 최초의 여성 총리가 된 마거릿 대처(1925~2013)의 보수당 정권이었다. 일본에서는 1982년에 총리에 취임한 나카소네 야스히로(中曾根康弘)의 자유민주당 정권에 의해 마찬가지로 신자유주의적 정책이 추진되었다.

---

1 David Harvey, *A Brief History of Neoliberalism*, Oxford: Oxford University Press, 2005, p. 2(渡辺治監訳, 『新自由主義―その歴史的展開と現在』, 作品社, 2007, pp. 10~11).

이러한 국가들의 신자유주의적 정책에 공통되는 특징을 하비는 '관민 파트너십'과 '거버넌스'라는 용어로 설명하고 있다. "비즈니스계와 기업은 정부관계자와 밀접히 협력할 뿐 아니라, 법안의 작성이나 공공정책의 결정, 규제 틀의 설정에서 (어떤 경우에도 자신들에게 유리해지도록) 강력한 역할을 하고 있다. 폐쇄적이고 때로는 밀실 회합을 통해서 기업가나 경우에 따라서는 전문가를 통치에 편입시키는 패턴이 등장한다"[2]고 지적하였다.

기업과 국가, 자본가와 정치가의 밀접한 협력관계가 강화되어 가는 가운데, 기업의 영리활동의 자유를 보장하는 다양한 법률이 제정되어 공공정책이 결정된다. 공공기업의 민영화나 법인세 감세 등이다. 일본에서는 1980년대의 나카소네 정권하에서 행정개혁이나 일본전매공사의 해산과 일본전신전화공사의 민영화(1985), 일본 국유철도의 분할민영화(1987) 등이 실행되었다. 1947년 이래 직업안정법에 의해 금지되어 있었던 인재파견 비즈니스를 해금하는 노동자파견법이 처음 만들어진 것도 나카소네 정권하인 1985년(시행은 다음 해)의 일이었다. 그렇게 되면 노동자는 어떻게 되는가. 하비는 미국의 사례에 비추어 다음과 같이 서술하고 있다.

> 미국에 있어서 특이한 점은, 과거 약 30년간 사이에 처음으로 노동자는 생산성 상승으로부터 이익을 얻을 수 없게 된 사실이다. 자본가 계급은 이 이익의

2 같은 책, p. 77(p. 109).

거의 대부분을 영유하였다. 이야말로 신자유주의적 반혁명 모습의 핵심에 위치하는 것으로서, 그것이 케인스주의적 복지국가 시기와 결정적으로 다른 점이다. 케인스주의의 시대에는 생산성 상승으로부터 얻어지는 이익은 보다 균등하게 자본과 노동 사이에 분할되는 경향이 있었다. 신자유주의적 반혁명의 결과로서, 각종 자료에서 실증되고 있다시피 신자유주의적 노선을 따른 모든 국가에서 사회적 불평등의 수준은 터무니없이 높아졌다.[3]

임금 상승의 정지 혹은 오히려 저하. 사회적 불평등의 증대, 격차의 확대, 노동조건의 악화, 착취를 위한 노동양식의 다양화. 하비에 의하면 "착취공장(sweat shop)이나 가족노동제도의 부활, 선대제(先貸制), 하청제 등등은 이 40년간의 글로벌한 신자유주의적 자본주의의 현저한 특징이었다."[4]

신자유주의적 정책에 의해 노동자의 신변에 일어난 거대한 변화를 하비는 '약탈에 의한 축적'이라는 용어로 표현하고 있다. '약탈'(dispossession)이란 문자 그대로 노동자의 '소유=재산'(possession)을 부정하고 탈취하는 것, 즉 소유 탈취의 강화이다.

'약탈에 의한 축적'은 글로벌 시스템 전체를 통해 확대심화됨과 동시에, 자본주의의 중핵 지역에서도 더욱더 내부화해 갔다. 우리는 본원적 축적(중국의 경우

---

3 David Harvey, *A Companion to Marx's Capital*, London & New York: Verso, 2010, pp. 170~171(森田成也·中村好孝訳, 『<資本論>入門』, 作品社, 2011, p. 260).

4 같은 책, p. 226(p. 340).

에는 그렇게 간주하는 것이 합리적일지도 모른다) 내지 '약탈에 의한 축적'(중핵 지역에서의 사유화/민영화의 파도를 통해 일어난 것)을 단순히 자본주의의 전사(前史)에 관련된 것으로만 보아서는 안된다. 그것은 여전히 계속되고 있으며 작금에는 더욱더 중요한 요소로서 부활하고 있다. 그것은 계급권력을 강화하는 식으로 글로벌 자본주의가 기능하는 것을 가능하게 하고 있다. 그리고 그것은 일체의 것을—토지나 생산수단에 접근하는 권리를 빼앗는 일부터, 노동운동에 의한 격렬한 계급투쟁을 통해 과거에 고생하며 획득한 각종 권리(예컨대, 연금, 교육, 의료)를 축소시키기에 이르기까지를—포함할 수 있다.[5]

마르크스가 『경제학비판』 초고나 『자본론』에서 되풀이하여 강조하였던 것은, 노동자가 일하는 장소도, 노동자가 사용하는 도구나 기계도, 노동자가 생산한 상품도, 모두 노동자 자신의 소유물이 아니며, 노동자의 노동 자체로부터도 노동의 의미가 즉 노동의 주체성이나 달성감이 박탈되고 있다는 사태였다. 그것을 마르크스는 '노예제'라고 간주한 것이다.

하비가 '약탈'이라는 말로 표현하고 있는 것은, 그와 같은 '토지나 생계수단에 접근하는 권리'뿐 아니라 그에 덧붙여 이제까지의 노동운동을 통해 획득한 '연금, 교육, 의료' 등의 사회보장제도가 축소되고 박탈되어 왔다는 사실이다. 이로 인해 자본주의 기업은 사회보장 관련 지출을 절약하고 인건비를 절약함으로써 이윤을 확보하여 업적을 호전시켜

---

5 같은 책, p. 310(p. 458).

왔다. 이것이 1980년대 이후, 영국, 미국, 일본에서 '재정재건' 혹은 '구조개혁'이라는 이름하에 진행되어 온 '케인스주의적 복지국가'로부터 신자유주의로의 전환에 따른 '성과'인 것이다.

하비가 되풀이하여 강조하는 것은, 그러한 의미에서 '약탈'의 강화이며 그에 대한 대항의 필요성인 것이다.

> 기득권(예를 들어, 연금권, 의료, 무상교육, 또는 충분한 사회적 임금을 지탱하는 적절한 서비스)을 되찾으려는 움직임이 노골적인 양상을 보이고 있는데, 그것은 신자유주의하에서 합리화되면서, 이제는 재정재건이라는 미명하에 실시되는 긴축 재정정책을 통해 강화되어 가고 있다. 따라서 계급투쟁에서는 이 '약탈에 의한 축적'에 대항하는 조직을 구축하고(예컨대 반(反)긴축운동을 형성하는 일), 보다 저렴하고 보다 실질적인 주택이나 교육, 의료, 사회 서비스에 대한 다양한 요구를 실현하려는 것은, 노동시장이나 직장에서 착취에 반대하며 투쟁하는 것과 동일하게 중요한 것이다.[6]

그와 같은 국가와 자본 측으로부터의 '약탈에 의한 축적' 강화라는 사태를, 환언하면 '노예제' 강화라는 사태를 우리는 얼마나 자각하고 있는 것일까. 우리가 충분한 자각을 갖지 못한 채 그러한 사태를 참고 견디고 있다고 한다면, 그 자각을 '은폐'하고 있는 것은 어떠한 장막(veil)인

---

6 David Harvey, *Seventeen Contradictions and the End of Capitalism*, Oxford: Oxford University Press, 2014, pp. 67~68(大屋定晴他訳, 『資本主義の終焉—資本の17の矛盾とグローバル経済の未来』, 作品社, 2017, p. 100).

것일까.

2. '자립'과 '자기책임'

다시금 일본에서의 신자유주의의 역사를 되돌아보자. 그 출발점에서 있는 것은, 영국에서 대처 정권 탄생 3개월 후인 1979년 8월에 정부가 각의 결정으로 발표한 「『신경제사회 7개년계획』에 관해서」이다. 당시 총리는 오히라 마사요시(大平正芳, 1910~1980)였다.

이 문서는 우선 「계획의 목표와 역할」이라는 제목의 첫머리 부분에서, "우리나라는 자유경쟁을 기본원리로 하는 시장경제를 토대로 하고 있으며, 적극적인 기업가정신에 입각한 기업의 자주적 활동이야말로 경제사회의 발전에 불가결하다"고 확인한다. 그런 위에서 '국민생활의 충실화'를 위해 빠뜨릴 수 없는 것은, "개인, 가족, 기업의 자주적인 활동이나 지역적, 사회적 연대"라고 말한다.[7] 왜냐하면 '고도경제성장'이 둔화하고 있는 상황 속에서, "앞으로는 성장경제 내용의 질적 전환과 각종 제약조건의 극복을 촉진하는 방향"[8]으로 나아가지 않으면 안되기 때문

---

7 「『新経済社会7か年計画』について」, 1979, p. 2(http://www.ipss.go.jp/publication/j/shiryou/no.13/data/shiryou/souron/8.pdf).

8 같은 책, p. 4.

이다.

여기에는 이미 복지국가와의 결별이 '베일에 가려져 있는' 방식으로 표현되어 있다. 일본에만 해당하는 것은 아니지만 신자유주의의 화법(話法)은 결코 '노골적'이지 않다.

이 문서가 먼저 강조하는 것은 주택이나 생활 관련 사회자본의 정비, 사회보장의 충실화, 교육문화시책의 충실화 등 국민의 공공에 대한 니즈(needs)를 기존과 같은 방식으로 충족할 수 없다는 점이다.

그렇기 때문에 고도성장하의 행정과 재정을 재검토하여 '새로운 복지사회'로의 길을 추구하지 않으면 안된다는 것인데, 복지국가를 대신하는 '새로운 복지사회'가 필요한 이유는, 지금까지와 같은 사회복지정책으로는 "경제사회의 비효율을 초래할 우려가 있기" 때문이라고 한다. 앞서 나온 말을 사용하자면 "적극적인 기업가정신에 입각한 기업의 자주적 활동"이 저해되기 때문이라는 것이리라. 그를 위해 요청되는 것이 '개인의 자조(自助) 노력'[9]인 것이다.

또 이 문서는 '규제 완화'에 대해서도 이미 언급하고 있다. 각종 규제제도의 재검토가 필요한 이유는 "기업체의 합리화에 기여"하기 위함이며, "최대한 경쟁을 저해하는 일이 없도록" 하기 위해서이다.[10]

이러한 가운데 새삼 '개인의 자립심'이 강조된다. '새로운 일본형 복

---

9 같은 책, p. 5.
10 같은 책, pp. 18~19.

지사회의 창조'에는 그것이 불가결한 것이다. 중요한 점은 어디까지나 "자유경제사회가 갖는 창조적 활력을 살려서 국민생활의 향상을 도모하는 일"이며, 그를 위해 "개인의 자립심과 가정의 안정이 기초가 되고, 그 위에 근린사회 등을 중심으로 연대의 테두리가 형성"될 필요가 있다는 것이다.[11]

보통의 '국민 한 사람 한 사람'에게 요구되는 것은, '강한 근로의욕'(애덤 스미스가 강조하였던 '자유로운 노동자'의 '근면함')이며, 개인의 자립심(축소되는 사회복지에 대한 개인적 대응)이었다. 이 '계획'은 이렇게도 말하고 있다. "사람들의 생활 안정은 일반적으로는 개인의 자구노력에 덧붙여 가족의 상호 부조 나아가 근린사회를 비롯한 사회연대 등의 따뜻한 인간관계하에서 구축되는 것이리라."[12]

이렇게 이 문서는 '개인의 자구노력'과 '개인의 자립심'을 되풀이하여 강조하는데, '자기책임'이라는 말은 아직 사용하지 않고 있다. 단, "개인, 가족, 기업 등이 책임을 져야 할 범위, 민간 부문의 창의나 활력에 맡겨야 할 영역을 최대한 명확화하여, 안이한 재정의존을 배제한다"[13]라는 표현으로 '개인의 책임'이라는 말이 출현하고 있다. 사회보장이 축소되는 가운데, '근로의욕'이 강하지 않은 사람, '자립심'이나 '자구노력'이 부족

11 같은 책, p. 22.
12 같은 책, p. 23.
13 같은 책, p. 77.

힌 사람은 그 결과에 대해서 "책임을 진다"고 하는 것이다.

이것이 일본 정부에 의해 표명된 신자유주의 정책의 출발점이었다. 이로부터 알 수 있는 사실은, '개인의 자립심'이나 '자구노력', 그에 대응하는 '개인의 책임' 등의 키워드가 노예제를 숨기는 '새로운 베일'로서 사용되기 시작하였다는 점이다. 이러한 수사(修辭)는 '사회주의' 국가군이 체제전환하여 글로벌화가 제창되기 시작한 1990년대에 보다 명확화된다. '자기책임론'의 등장이다.

편집자 경력을 가진 기쿠치 후미히코(菊地史彦)의 증언에 의하면, "본래의 자기책임은 투자 리스크에 관한 특정 영역에서 통용하는 관념으로서, 어느 시기까지는 인구에 회자되는 용어는 아니었다. 버블 붕괴로, 대량의 아마추어 투자가가 자산을 잃게 된 1990년대 초에 그들의 실패에 대해 가르침을 주기 위해 이 용어가 미디어에 자주 등장하게 된 것으로 나는 기억하고 있다."[14]

그것이 변화하는 것은 1990년대 후반이다. 버블의 붕괴와 더불어 후에 '잃어버린 10년'으로 불리는 시대에 들어가게 되는데, 1993년경부터는 '취직빙하기'가 시작되고, 이에 더욱 타격을 가하게 된 것이 1995년 1월에 일어난 한신·아와지(阪神·淡路) 대지진과 3월의 지하철 사린 테러 사건이었다.

14 菊地史彦, 『「幸せ」の戦後史』, トランスビュー, 2013, p. 120.

여하튼 1990년대 후반에 일본 사회는 구조적인 변용을 겪었다. 변용 과정에서 우리는 '노력하더라도 더 낳은 내일을 손에 쥘 수 있는 건 아니'라는 씁쓸한 사실을 인정하지 않을 수 없게 되었다. 이 시니컬한 인식은—어른의 씁쓸한 상식으로서—항상 내재하고 있었으나, 일본인이 정면에서 부딪힌 것은 처음이었다./'자기책임론'이 신자유주의에 이끌려 다가온 것은 이때이다.[15]

이때 이 '자기책임론'을 동반시킨 신자유주의를 대표하는 전형적인 예가 1997년 3월에 경제동우회(經濟同友會)가 발표한 제언인 「이렇게 일본을 바꾼다—일본경제의 틀을 바꾸는 구체적 정책」이었다.

이 제언을 작성한 것은 경제동우회의 경제정책위원회로서, 위원장은 후지제록스 이사회 회장이었던 고바야시 요타로(小林陽太郎, 1933~2015)이다. 이 제언은 '구조개혁'이나 '시민사회' 등 1960년대부터 1970년대에 걸쳐 좌익계 내지 리버럴(liberal)계 논자에 의해 사용되었던 용어를 자주 사용하면서, 개인의 '자기책임'을 반복적으로 강조하는 것이었다. 이 제언은 첫머리에서 이렇게 선언하고 있다.

우리의 구조개혁 목표는 한마디로 말해 10~15년 후에 일본을 우리 스스로가, 그리고 세계가 보더라도 매력적인 국가로 만드는 것이다. 그를 위해서는 내외 사람들이나 기업이 자기책임에 입각하여 풍요와 안심 속에 생활하고, 자유롭고 느긋하게 활동할 수 있는 환경을 조성하지 않으면 안된다.[16]

---

15 같은 책, p. 122.

이어 이 제언은 그러한 사회의 '이미지'를 다음과 같이 묘사하고 있다. "국민은 각자가 퍼블릭 마인드(누구나가 사회의 일원으로서 사회를 보다 좋게 만드는 책임을 짊어지고 있다는 의식)를 공유하며, 정치에는 민의가 적확하게 반영되어 있다. 그러한 국민의 체크하에서 작은 정부가 공정하고 효율적인 행정운영을 실행하고 있다. (중략) 시장 참가자는 기업과 개인을 불문하고 적확하면서 알기 쉽게 명시된 정보를 바탕으로 자기책임 원칙에 따라 경제활동을 영위하고 있다."[17]

독자는 이 정도의 짧은 문장 속에서, '자기책임', '책임'이라는 말이 다그치듯이 사용되고 있는 점에 강한 인상을 받았을 것이다. 이러한 '이미지'는 집필자의 다음과 같은 현상인식에 근거한 것이었다. "우리나라에서는 규제에 의해 보호받는 기업·개인과 규제를 기획·운용하는 행정 부문이 기득권을 고집함으로써 개혁의 급속한 진전을 저지하고 있어서 개혁이 지지부진하다. 우리나라가 이대로 낡은 시스템을 개혁하지 못한다면 틀림없이 글로벌 시장 속에서 혼자 외톨이가 된다"[18]라는 것이다.

다시 말해 노동기준법을 비롯한 보호규정에 의해 '보호된 개인'으로부터 그 보호를 박탈하는 것, 그것이 '규제 완화', '구조개혁'이라는 용어

---

16 経済同友会, 「こうして日本を変える―日本経済の仕組みを変える具体策」, 1997, p. 2(http://www.doyukai.or.jp/policyproposals/articles/1996/970327.html).

17 같은 책, p. 2.

18 같은 책, p. 3.

로서 표현되고 있다. 여기서는 '규제에 의해 보호된 기업'이라는 표현도 보이는데, 정말로 말하고 싶은 것은 행정지도가 "독자적인 창의나 아이디어에 입각한 개인이나 기업의 자유로운 경제활동을 저해해 왔다"[19]는 점이다.

이 제언에서는 '기업·개인' 혹은 '개인이나 기업' 등 개인과 기업을 병기하는 일이 많은데, 말하고자 하는 것은 의외로 '숨김없이' 나타나고 있다고 생각한다. 여기서 언급되고 있는 것은 명백히 '기업의 자유로운 경제활동'의 확보이다. 요컨대 이제까지의 규제에 의해 '자유로운 경제활동'을 저해받고 있었던 기업에 대해서는 규제를 완화하거나 혹은 철폐할 것, 그것이 여기서 경제동우회가 요구하고 있는 사항이다. 그와 같은 개혁은 보통의 노동자에게 즉 이 문서가 말하는 '국민 한 사람 한 사람'에게는 무엇을 의미하는가.

기업이 "글로벌 시장 속에서 강한 경쟁력을 유지할 수 있게끔" 하기 위해서는, 노동자는 "자력으로 활로를 찾아낼 수밖에 없다." 그리고 "그에 따른 위험과 결과에 대한 책임"은 스스로 짊어져야 하는 것이다.[20] 나아가 이 문서의 첫머리에 나왔던 '퍼블릭 마인드'에 대해서는 다시금 다음처럼 설명하고 있다.

19 같은 책, p. 5.
20 같은 책, p. 7.

> 이기적인 이익추구만이 행해지거나, 개인의 권리 주장만이 행해지는 상황 속에서는 시민사회는 제대로 기능하지 못한다. 시민사회를 성립시키기 위한 불가결한 요건이 퍼블릭 마인드의 존재이다. 퍼블릭 마인드는 관·민이라는 대립 개념을 초월하는 것으로서, 서로 협력하여 보다 나은 사회를 만들어 나감에 있어 관청·민간기업·소비자 등의 입장에 상관없이 국민 누구나가 몸에 지니고 있어야 할 근원적인 사회의식이다. 이를 전제로 하지 않는다면, 투명성 높은 룰과 자기책임 원칙에 입각한 자유경쟁사회의 건전한 발전은 있을 수 없다.[21]

또다시 '자기책임'이다. '개인의 권리 주장'은 부정적으로 인식되고 '자기책임 원칙에 따른 자유경쟁사회'가 강조된다. 노동자는 앞으로는 국가가 제공하는 사회복지에도 기업의 복리후생에도 의지하지 않으면서 '자립'하여 '자구노력'을 하고, 그 결과에 대해 '자기책임'을 지면서 노동시장에서 다른 노동자들과 가혹한 살아남기 게임을 벌여야 한다. 그것이 경제동우회가 '이미지'로서 그리는 '시민사회'인 것이다.[22]

이와 같은 '구조개혁'이 실행되는 결과로서 출현하는 '고통'에 관하여도 이 제언은 냉정하게 예측하고 있다.

> 구조개혁을 실행에 옮기면, 초과이득의 상실, 경쟁격화, 노동의 강화, 자기책임의 부담 등 많은 종류의 고통이 발생하리라 예상된다. (중략) 특히 고용상실의

---

21 같은 책, p. 8.

22 일본형 신자유주의와 '시민사회'론의 관계에 대해서 자세한 점은, 植村邦彦, 『市民社会とは何か ― 基本概念の系譜』, 平凡社新書, 2010을 참조 바란다.

> 진통에 관해서는 국가의 지원이 필요하리라 생각된다. 예를 들어 횡단적 노동시장의 형성 등 각자의 능력에 맞는 직장으로 이동하기 쉽게 하고, 각자의 자구노력으로 실업 문제를 해결할 수 있도록 하기 위한 기반정비를 실행하는 일 등은 국가가 그 비용을 부담해야 한다.[23]

노동자가 부담할 '노동강화'도 '고용상실'도 상정(想定) 내에 있음을 알 수 있다. 이에 관해서는 '국가의 지원'이 요청되지만, 그러나 그것도 "각자의 자구노력으로 실업 문제를 해결할 수 있도록 하기 위한 기반정비"에 한정되어 있다. '노동강화'나 '실업 문제' 등에 대응하고 해결하는 것은 '각자의 자구노력'인 것이다.

그렇다면 애당초 '구조개혁'이 왜 필요한가. 거기에는 어떠한 장점이 있는가. 이 문서의 '에필로그'에서 '숨김' 없이 명확히 지적하고 있다.

> 일본 경제의 틀을 바꾸는 노력에 더해, 지금 중요한 것은 구조개혁을 우리 기업경영자 자신의 비즈니스 찬스로서 전향적으로 파악하는 일이다./'규제 완화는 전후 최대의 비즈니스 찬스'라는 말이 있다. 규제 완화를 비롯해 구조개혁을 실현하면, 경제활동의 자유도는 일거에 확대되어 새로운 가능성이 크게 열린다. 우리는 그날에 대비해 곧바로 준비활동에 들어가고 싶다.[24]

---

23 経済同友会,「こうして日本を変える」, p. 19.
24 같은 책, pp. 20~21.

노동자로부터 '보호'를 벗겨 내어 사회보장을 축소하고 '노동강화'도 '실업'도 노동자의 '자구노력'에 맡김으로써, 기업은 사회보험 관련 지출을 줄이고 비용을 절약한다. 그와 동시에 기업경영자 측의 '기업활동의 자유도'를 일거에 넓혀 '비즈니스 찬스'를 확대한다. 그것이 일본 기업경영자가 원하는 것이었다. 이 제언으로부터 이미 20년이 경과하였고, 우리 사회는 이 제언이 마음에 그린 '이미지'에 한없이 가까워졌다. 하비가 '신자유주의적 반혁명'이라 명명하고 '약탈에 의한 축적'이라 부른 것은 바로 이와 같은 사상이며 사태였던 것이다.

실제로 21세기에 들어설 즈음부터 시작된 것이 정부에 의한 '자립지원' 정책이었다. 이는 생활의 보호(사회복지=welfare)가 아니라, '자립지원'이라는 이름하에 저임금노동에 종사시키는 정책으로서, 미국의 '취업촉진=workfare'(근로복지제도－역주)의 일본판이다.

우선은 2000년에 '홈리스 자립지원사업'이 시작되어 2002년에는 「홈리스 자립지원법」이 제정되었다. 그들은 생활보호 등에 '의존'하고 있지 않음에도 불구하고(다음에서 저자가 지적하듯이, 일본의 경우 당연히 생활보호 수급 대상이 되어야 할 사람이 낮은 포착률로 인해 복지혜택을 누리지 못하고 있으며, 더욱이 이들이 이미 노동에 종사하고 있을 경우 취로지원 대상에서도 배제되어 버리는 상황을 말하고 있음－역주). 같은 2002년에는 「아동부양수당법」과 「모자(母子) 및 과부 복지법」(현 「모자·부자 및 과부 복지법」)이 개정되었다. '모자가정 등에 대한 섬세한 복지서비스의 전개와 자립지원'을 목적으로 하고, 자치체에 의한 '모자가정 등 자립지원사업'을 추진하기 위해서이다. 나아가 2005년에는 '생활보호수급자 등 취로지원사업'이 시작된다. 이것도 소득보장을 취로로 치환하는 것을 염두에 둔 것이다. 그리고 2006년에는 「장애자자립지원법」(현 「장애자종합지원법」)이 시행된다. 장애에 관련한 의료비의 자기부담률을 5%에서 10%로 배증한다는 '채찍'을 휘두름으로써 "일하는 의욕과 능력이 있는 장애인이 기업 등에서 일할 수 있도록" 취로지원을 강화한다는 것이다. 2007년 4월부터는 생활보호비의 모자 가산(加算)도 단계적으로 폐지하게 되었다.

이와 같은 '일본판 workfare'와 '본가'(本家, 미국이나 영국을 의미–역주) workfare의 차이에 대하여 경제학자인 야마모리 료(山森亮)는 다음과 같이 지적하고 있다.

> 첫째, 영국이나 미국에서 workfare는 소득보장의 축소나 조건 강화 등의 '채찍' 뿐 아니라, 급부형 세액공제 등의 '사탕'(=당근)을 동반하고 있는데, 일본은 그러한 당근이 전혀 없다는 점이다. 둘째, 영국이나 미국에서는 애초에 노동 가능한 복지수급자를 노동시장에 복귀시키는 일을 염두에 두고 있었다. 그런데 일본에서는 전술한 사정(생활보호의 포착률이 약 20%로 낮고, 사회안전망으로서는 기능부전에 빠져 있는 점)으로 인해, 노동 가능한 사람은 애당초 복지로부터 거의 배제되어 버리고 있다. 예를 들어, workfare 논자들의 주요 타깃인 모자세대는 일본의 경우 이미 그 상당수가 일하고 있다.[25]

25 山森亮, 『ベーシック·インカム入門—無条件給付の基本所得を考える』, 光文社新書, 2009.

이 생활보호의 포착률, 즉 '보호기준 이하로 생활하는 사람들에서 차지하는 사회부조수급자의 비율'에 관해서는 일본 정부는 그 수치를 공표하고 있지 않은데, 야마모리가 추후 보완한 설명에 따르면 "2010년에 공표된(2004년 통계에 근거) 데이터에서는 15.3%"[26]이었다고 한다. 이 낮은 수치 자체가 '개인의 자립심'과 '자구노력', '자기책임'이라는 사상의 침투도가 높음을 표현하고 있다고 말할 수 있을 것이다.

3. '인적 자본'

이와 같이 '개인의 자립심'과 '자기책임'을 강조하는 신자유주의 사상과 중첩되면서, 그에 적합한 것으로서 널리 사용되기 시작한 것이 '인적 자본=human capital'이라는 개념이었다. 그 출발점은 미국의 경제학자 게리 스탠리 베커(Gary Stanley Becker, 1930~2014)의 저서 『인적 자본—교육을 중심으로 한 이론적·경험적 분석』으로 거슬러 올라간다. 이 책이 출판된 것은 1964년인데, 그 후 1975년에 제2판, 1993년에 제3판이 발행되었다.

베커는 1992년에 '비시장에서의 행동을 포함한 광범한 인간의 행동

pp. 54~55.

26 山森亮, 「ベーシックインカムの理論と制度」, エノ・シュミット/山森亮/堅田香緒里/山口純, 『お金のために働く必要がなくなったら, 何をしますか?』, 光文社新書, 2018, p. 74.

과 상호 작용의 마이크로 경제학 분석의 응용'을 평가받아 노벨경제학상을 수상하였으며, 나아가 2000년에 빌 클린턴 대통령으로부터 '국가과학상'(National Medal of Science)을, 2007년에는 조지 W. 부시 대통령으로부터 '대통령 자유훈장'(Presidential Medal Freedom)을 수상하였다. 그 점으로부터도 알 수 있듯이, 미국의 신자유주의적 정책에 커다란 영향을 미쳐 왔던 경제학자의 한 사람이다. 그는 『인적 자본』 초판의 「서론」에서 다음과 같이 서술하고 있다.

> 본 연구는 사람들이 갖는 자원을 증대함으로써 장래의 화폐적 및 정신적(심리적) 소득의 양자에 영향을 미치는 제 활동을 취급한다. 이러한 활동은 인적 자본 투자로 불리고 있다./이러한 투자 형태는 다양하며, 학교교육, 직장훈련, 의료, 노동 이동, 나아가 가격이나 소득에 관한 정보를 탐지하는 일까지도 포함된다.[27]

이 책의 전반부는 이론에 대한 설명으로 구성되어 있으나, 후반부에서 구체적으로 논하고 있는 것은 주로 '대학 교육의 수익률'과 '고등학교 교육의 수익률'의 비교로서, 요컨대 학력이 높은 쪽이 소득(급여)도 높다는 사실의 증명이다. 그것만이라면 누구나 알고 있는 사실이지만, 간

27 Gary Stanley Becker, *Human Capital: A Theoretical and Empirical Analysis, with Special Reference to Education*, 3rd ed., Chicago: The University of Chicago Press, 1993, p. 11(佐野陽子訳, 『人的資本 ― 教育を中心とした理論的·経験的分析』, 東洋経済新報社, 1976, p. 11).

과할 수 없는 것은 베커가 그것을 '인적 자본 투자'(investments in human capital)와 그 '화폐수익률'(the money rate of return)이라는 개념으로 설명한 점에 있다. 즉 교육을 받는 것, 혹은 받게 하는 것을 '투자'로 부르고, 노동력을 단순한 '상품'이 아니라 수익을 가져오는 '자본'으로 간주한 점에 있다.

베커는 초판의 「결론과 요약」 부분에서 '투자'하는 것 자체를 '유능함'과 연결시키면서 다음과 같이 설명하고 있다.

> 예를 들어, 관찰되는 수입은 인적 자본의 수익을 포함한 총계이기 때문에, 단지 어떤 사람은 다른 사람보다 자기자신에게 많은 투자를 하였기 때문에 수입이 많았다는 것이 된다. '보다 유능한'(abler) 사람은 그렇지 않은 사람보다 한층 더 투자하는 경향이 있기 때문에, 설사 '능력'(ability)이 대칭이고 그다지 불균등하게 분포하고 있지 않은 경우에도 수입분포는 매우 불균등하고 왜곡이 존재한다.[28]

그렇기 때문에 대학졸업자는 고교졸업자보다 '유능'하다고 평가받는 경우가 많으나, 실제로는 "전반적으로 능력이 격차를 설명하는 비율은 상대적으로 작으며, 대학 교육이 그것을 설명하는 비율 쪽이 큰 것으로 보인다"[29]라는 점이 이 책의 결론이었다.

---

28 같은 책, pp. 245~246(pp. 256~257).
29 같은 책, p. 247(p. 258).

고등 교육은 마르크스에 따르자면, 노동자의 노동능력을 높이고, 그 재생산을 위한 비용을 높임으로써 '노동력의 가치'를 높이는 것이라 할 수 있는데, '인적 자본'론에 의하면 그것을 '투자'로 간주하여 '노동력의 가치'가 높아진 결과로써 임금이 상승하는 것을 '자본의 수익'으로 간주하고 있다. 노동자는 자기자신에게 혹은 자기의 자녀에게 '투자'하는 '자본가'로 된 것이다.

이러한 '인적 자본'론을 정면에서 비판한 것이 1975년의『아메리칸 이코노믹 리뷰』에 게재된 미국의 경제학자 새뮤엘 보울즈와 허버트 진티스의 공저논문「인적 자본론의 문제—마르크스파로부터의 비판」이었다.

보울즈와 진티스는 '인적 자본론'의 '근본적 통찰'로서 노동을 단순한 '상품'으로 보는 것이 아니라, "그 특질이 여러 경제적 힘의 전체적 배치에 의존하는, 생산된 생산수단으로서 논하고 있는" 점, "노동력의 차이화에 주목하는" 점, "이제까지는 순수하게 문화적·상부구조적 영역으로 격하되어 있었던 학교 교육이나 가정과 같은 기초적인 사회적 제도들을 경제분석의 영역에 끌어들인" 점, 이 세 가지를 평가하고 있다. 그러나 동시에 그로 인하여 "'노동'이 기본적인 설명적 카테고리(범주)로서는 소실되어 자본 개념 속에 흡수되어 버렸기 때문에, 노동의 특수성을 논함으로써 그것을 풍부하게 하는 일이 불가능해진" 점을 비판하고 있다.[30]

---

30 Samuel Bowles and Herbert Gintis, "The Problem with Human Capital Theory: A Marxian Critique," *American Economic Review*, vol. 65, issue 2, May 1975, p. 74.

저자들에 의하면 이는 경제이론에서의 계급투쟁인 것이다. 다시 말해 애초에 노동자 계급이 존재한다는 사실, 그리고 자본가 계급과의 사이에 이해 대립이 존재한다는 사실을 현실로서 인정하는지 아닌지를 추궁하고 있는 것이다. 노동자 계급의 존재와 이해에 대한 자기주장, 그 자체가 계급투쟁이다.

> 인적 자본론은 중심적인 경제적 개념으로서의 계급을 말살하는 가장 새로운, 아마도 최후의 일보인 것이다. (중략) 현대의 일반균형이론에서는 인풋(생산의 제 요소)과 아웃풋(산출물)을 거의 구별할 수 없으며, 마찬가지로 특정한 인풋 사이의 구별을 할 수도 없다. 인적 자본론은 이러한 경향의 한 표현이다. 즉 모든 노동자는 인적 자본론자가 매우 좋아하는 관점에 의하면 이제는 자본가인 것이다.[31]

그러나 그러한 관점은 자본주의적 생산양식의 계급적 구조를 은폐하는 것일 뿐이다. 보울즈와 진티스는 이렇게 계속 주장한다.

> 학교 교육, 직업훈련, 어린이의 양육, 건강관리는 이중의 경제적 기능을 담당한다. 그것들은 생산에서 간접적이기는 하나 불가결한 역할을 맡는다. 그리고 그것들은 또한 경제적·사회적 질서 전반의 영속을 위해서도 불가결하다. 이들 과정은, 자본주의적 계급구조, 그것을 구성하는 개개인, 그리고 그것을 규제

31 같은 책, p. 74.

하는 경제적 제도들의 몇 세대에 걸친 재생산을 위한 사회적 필요조건을 참조하지 않고는 이해할 수 없는 것이다. 따라서 적절한 인적 자원의 이론은 생산과 사회적 재생산의 양쪽 이론으로부터 구성되어야만 한다. 인적 자본론은 재생산의 이론을 전혀 제공하고 있지 않으며, 매우 편향된 생산의 이론을 제시하고 있을 뿐이며, 더욱이 그것은 기술적 제 관계에 유리한 사회적 제 관계로부터 추상된 이론에 불과하다.[32]

따라서 보울즈와 진티스의 결론은 지극히 명쾌하다. "그것(인적 자본론)이 제공하는 것은 한마디로 말해 현재의 상황을 지키기에 편리한 이데올로기이다. 그러나 그것은 자본주의 경제 틀의 이해를 위해서도, 인간의 행복으로 이어지는 경제적 질서에 대한 이해를 위해서도 쓸모가 없는 빈약한 학문인 것이다."[33]

이처럼 '인적 자본론'을 철저하게 비판한 보울즈와 진티스는 그다음 해에 다시금 『미국 자본주의와 학교 교육—교육개혁과 경제제도의 모순』이라는 공저를 출판하고, 거기에서도 수차례 베커의 『인적 자본』을 언급하였다. 이 책 첫머리에서 이렇게 선언하고 있다.

교육제도가 경제와 어떻게 관련되어 있는가의 문제를, 교육에 의해 학생이 얻는 지적 능력과 노동시장에서 지불되는 금액과의 관련이라는 '테크니컬'한 관

32 같은 책, p. 75.
33 같은 책, p. 82.

점에서만 고찰하려는 것은 잘못이다. 교육의 경제적 의미를 이해하기 위해서는, 교육의 사회적 구조를 교육을 통해서 조장되는 학생의 의식, 대인행동, 성격 등과 관련지으면서 생각하지 않으면 안된다.[34]

이 책의 내용을 자세하게 다루는 일은 본 줄거리에서 벗어나는 일이라 생략하지만, 이 책이 자본주의 사회에서 교육의 의미를 논한 것으로 매우 중요한 의미를 가지고 있음을 강조하고 싶다. 저자들이 주장하는 것은 무엇보다도 다음과 같은 내용이다.

학교는 성적평가나 직업적인 위계질서(hierarchy)로의 배분에 사용되는 언뜻 보기에 능력주의적으로 보이는 방법에 의해, 합법적인 불평등을 조장하게 된다. 사회 계급이나 인종, 성에 따른 차별 패턴을 학생들에게 강하게 심어 줌으로써, 졸업 후 생산 프로세스에서의 권위와 지위의 위계질서 내의 어느 위치에 배정되는 것이 '어울리는'(property)지를 가르친다. 학교에서 경제 분야의 지배와 종속의 관계에 걸맞는 인격적 발달의 유형을 육성하여, 결국 경영자가 노동자 지배의 최상의 무기—고용하고 해고할 수 있는 권력—를 효과적으로 발휘하는 데 충분할 만큼 숙련노동자의 잉여를 낳는다.[35]

따라서 고등학교와 대학교에서는 교육의 방법도, 학교 내에서의 질

---

34 Samuel Bowles and Herbert Gintis, *Schooling in Capitalist America: Educational Reform and the Contradictions of Economic Life*, New York: Basic Books, 1976, p. 9(宇沢弘文訳, 『アメリカ資本主義と学校教育—教育改革と経済制度の矛盾』(全2分冊), 岩波現代選書, 1986, ①, pp. 14~15).

35 같은 책, p. 11(pp. 18~19).

서의식도 그 사회적 위치 설정에 따라 상이하게 된다. "고등학교에서 규칙이 중시되는 것은 낮은 수준의 노동자에 대해 엄중한 감독이 이루어지고 있다는 사실의 반영이며, 엘리트 대학에서는 행동규범이 내면화되어 일상적인 감독으로부터 자유로운 것은 상위 수준에 있는 화이트칼라의 사회적 노동관계를 반영한 것이다. 주립대학이나 커뮤니티 칼리지는 대부분 그 중간에 위치하면서, 하위 수준의 기술적 서비스, 관리적인 직원에게 요청되는 행동양식에 맞추어져 있다."[36]

이와 같은 교육의 서열화와 불평등은 결과로서의 불평등을 정당화하는 기능을 가짐으로써 불평등을 재생산하게 된다.

> 능력주의를 지향하는 교육제도에서 촉진되는 것은 평등화 기능이 아니라 (자본주의 사회에 대한) 통합 기능이다. 특권을 합리화하고 빈곤을 개인의 실패 탓으로 돌림으로써 교육은 불평등을 재생산하고 있다.[37]

다시 말해 학력의 차이는 '인적 자본'론이 주장하듯이 '수익률'의 차이를 가져오는 것일 뿐 아니라, 불평등한 사회적 서열 속에서의 위치설정을 즉 '차별의 패턴'을 내면화함으로써 '빈곤을 개인의 실패 탓으로 여기는' 의식 자체를 낳는 것이다. 그야말로 '자기책임론'이 '내면화된 규

---

36 같은 책, p. 12(pp. 19~20).
37 같은 책, p. 114(p. 196).

범'(internalized norms)[38]으로 되어 의식 속에서 재생산된다.

이처럼 학교 교육은 자본주의적 지배·종속 관계와 밀접한 것이다. 보울즈와 진티스의 공저의 결론은 다음과 같다.

> 교육제도는 사람들을 교육하여 경제생활에서 지위를 얻고 일하는 것을 가능하게 하는 것인데, 교육제도 자체의 사회적 관계는 사무소나 공장의 사회적 관계에 매치(match)하도록 만들어져 있다. 따라서 학교 교육의 억압적 측면은 결코 정도(正道)를 벗어나거나 혹은 비합리적인 것이 아니라, 오히려 경제적 현실을 체계적이고 보편적으로 반영한 것이라고 할 수 있다. 해방된 교육이라는 것만으로는, 직업적인 부적응과 직장 노이로제의 만연을 초래하게 된다. 그것만으로는 교육의 자유화에는 도움이 안된다. 억압의 원인이 학교제도의 외부에 존재하고 있기 때문이다. 만일 학교가 보다 인간적인 형태를 취해야 한다고 생각한다면, 직장도 또한 보다 인간적인 것이 되지 않으면 안된다.[39]

여기서 다시금 '인적 자본' 이야기로 돌아가 보자. '인적 자본'론의 계급투쟁적 의미에 대해서는 이미 보울즈와 진티스가 논하고 있었지만, 그것을 더욱 '숨김없는' 형태로 재차 비판한 사람은 하비였다.

> 내가 아는 한, 인적 자본론이 예컨대 1960년대에 게리 베커의 손으로 부활되었는데, 그 핵심은 자본과 노동의 계급관계의 의의를 매장시키는 것에 있으며, 마

---

38 같은 책, p. 145(p. 247).
39 같은 책, pp. 251~252(pp. 179~180).

치 우리 모두가 자본가이며, 각자 서로 다른 자기자본이익률(인적 자본의 이익률 내지 기타 자본의 이익률)에 의해 돈을 버는 듯한 착각을 들게 만드는 데 있었다. 만약 노동자자 극히 낮은 임금밖에 얻지 못한다고 한다면 다음과 같이 주장할 수 있을 것이다. 이러한 저임금은 단지 그 노동자가 자신의 인적 자본의 단련을 게을리하였다는 사실의 반영에 지나지 않는다고! 요컨대 급여가 낮다면 그것은 자기책임인 것이다. 새삼 놀랄 일도 아니지만, 여러 대학의 경제학부로부터 세계은행이나 IMF에까지 걸친 모든 자본의 주요 기관이 이러한 이론적 허구를 진심으로 신봉해 왔는데, 그것은 이데올로기적 이유에서이지, 건전한 지적 이유로부터 나온 것이 아님은 틀림없다.[40]

요약하여 한마디로 말한다면 '인적 자본'론이란 '자기책임론'의 전제조건을 설명하는 이데올로기였던 것이다. 그렇다면 이 이데올로기는 그 후 어떻게 되었을까.

현재 일본에서는 '휴먼 캐피탈'이라는 용어는 거의 '인재'의 의미로 사용되고 있어, 인터넷으로 검색하면 '휴먼 캐피탈'의 이름을 내건 회사명이 몇몇 발견되는데, 그것들은 '여성을 위한 인재파견' 회사나, 채용면접 시에 적성검사(더욱이 스트레스 내성이나 직무적성의 진단검사)를 실행함으로써 '기업의 발전을 위해 믿을 만한 인재의 발견을 지원'하는 회사, '인재육성·교육연수'를 행하는 회사 등이거나 한다.

한편, '인적 자본'이라는 용어는 일상적으로는 그리 접하는 일이 많

40 David Harvey, *Seventeen Contradictions and the End of Capitalism*, pp. 185~186(大屋定晴他訳, 『資本主義の終焉』, p. 244).

지 않다. 그러나 예를 들어 2017년에 정부의 경제재정자문회의의 「2030년 전망과 개혁 테스크포스(TF) 보고서」를 정리한 교토(京都) 대학 대학원 교수인 가와이 에리코(河合江理子)는, 이 TF에서 「미래의 인재(Human Capital) 육성에 대한 제안」이라는 주제를 발표하고 있으며, 내각부 경제사회종합연구소의 인터뷰 기사 「인적 자본의 향상을 향하여」에서는, "인적 자본을 생각함에 있어 하나의 과제는 국제비교를 하였을 때 우리나라(일본)의 경우 교육에 대한 투자가 적다는 점을 들 수 있으며 교육에 종사하는 사람으로서 매우 우려하고 있습니다"[41]라고 발언하고 있다. '인적 자본'이라는 말은 적어도 정부의 정책 결정에 관여하는 사람들 사이에서는 현재도 여전히 사용되고 있는 것이다.

또 문부과학성은 2017년 시점에서 교육개혁의 일환으로서 「교육설계의 효과분석에 관한 조사연구」를 실시하고 있으며, 총무성 통계국의 홈페이지에서는 후생노동성의 「임금구조 기본통계조사」를 바탕으로 한 '학력별 생애임금'을 확인할 수 있게끔 되어 있다. 그뿐 아니라, 현대의 계급적 빈곤을 문제로 삼고 있는 연구자조차도 계급 차이에 의한 '아동에 대한 교육 투자의 차이'[42]를 논하고 있다.

즉 '교육 투자'라는 말은 이미 시민권을 획득하여 널리 사용되고 있

---

41 河合江理子, 「人的資本の向上に向けて」, 内閣府経済社会総合研究所, 2017(http://www.esri.go.jp/jp/seisaku_interview/interview2017_16.html).

42 橋本健二, 『アンダークラス―新たな下層階級の出現』, ちくま新書, 2018, p. 116.

는 것이며, 우리들은 부지불식간에 교육비 지출은 교육을 받은 자의 노동능력을 증대하기 위한 '투자'이며, 그에 대한 보상(수익)이 '생애임금'의 증액분이다라고 하는 '인적 자본'론의 논리를 이미 당연한 듯이 수용하고 있는 것이다.

4. '자기계발'

이와 같은 '교육 투자=인적 자본'론이 적어도 일본에서는 자녀에 대한 부모의 '투자'를 촉진하는 이데올로기인 데 비해, '인적 자본'론을 자기자신의 일로서 내면화하여 본인에게 '투자'하려고 하는 것이 '자기계발'인 셈이라 말할 수 있을 것이다. 여기서 발휘되는 '자주성'이야말로 바로 「『신경제사회 7개년계획』에 관해서」나 경제동우회의 제언이 집요할 정도로 강조해 왔던 '개인의 자립심'에 입각한 '자구노력'의 한 표현이다. 그리고 그러한 '개인의 자립심'이나 '자구노력' 자체에 새로운 시장을 발견하면서 등장한 것이 '자기계발(自己啓發)세미나'나 '자기계발서'라는 비즈니스였다.

이러한 '자기계발세미나'란, 원래는 1960년대에 미국에서 개발된 심리학적 카운셀링의 집단요법을 응용하여, '인간관계 트레이닝'을 표어로 한 '세미나 전문회사'가 설립되어, 그것이 "기업으로부터 의뢰를 받아 회사

영업사원의 모티베이션을 향상시킨다거나 일반인이 참가하는 집단세미나를 개최하게 된"[43] 것에서부터 시작되었다고 한다.

일본에서 '자기계발'이 큰 화제가 된 것은 1970년대 후반에 미국발 '자기계발세미나'가 일본에 상륙한 이후인 듯하다. 사회학자인 고이케 야스시(小池 靖)에 의하면 "일본의 자기계발세미나 붐은 버블경제의 산물"이기도 하여, "최성기에는 크고 작은 100개 이상의 세미나 회사가 있었다고 하며, 1990년경에는 이미 10만 명 전후의 사람이 세미나 수강 경험을 갖고 있었다고 전해진다."[44] 그러나 "1980년대에도 증가하였지만 1991~1992년을 정점으로 업계 자체는 축소 경향을 보이고, (중략) 학생이나 사원 연수를 주요 타깃으로 한 일부의 세미나 회사만이 현재는 눈에 띌"[45] 정도라고 한다.

1990년대 전반에 스스로 비싼 수강료를 지불하면서 몇몇 회사의 자기계발세미나에 '잠입취재'를 시도한 저널리스트 엔야 토모미(塩谷智美)에 의하면, 1990년대 중반 시점에서 세미나를 둘러싼 분쟁은 해마다 증가하였으며, "전국의 소비자센터가 접수한 민원은 1988년에는 287건, 1995년에는 1,185건으로 5배나 급증한"[46] 상태였다.

---

43 塩谷智美, 『マインド·レイプ ― 自己啓発セミナーの危険な素顔ドキュメント』, 三一書房, 1997, p. 153.
44 小池靖, 『セラピー文化の社会学 ― ネットワークビジネス·自己啓発·トラウマ』, 勁草書房, 2007, p. 84.
45 같은 책, p. 96.
46 塩谷智美, 『マインド·レイプ』, p. 1.

엔야는 스스로 체험한 세미나 체험에 근거하여 거기서 행해지는 것을 '마인드 레이프'라고 부르고 있다. 그녀에 따르면 세미나는 "자기의 인생을 크게 바꿀 수 있다"는 유혹 문구에 의해, "이대로 괜찮은가 하는 막연한 불안감"을 안고 있는 인간을 끌어당겨, 단기집중적인 "프레셔"(압박)를 통해 "단숨에 마음 전부를 (전직하고자 하는 바람으로) 물들게 만들었다"[47]고 한다.

마찬가지로 세미나를 수강하면서 그 사상 내용을 분석한 고이케에 의하면, '자기계발'의 사상에는 '자기책임론'과의 강한 친화성이 있다.

> 자기계발세미나는 단순한 적극사고를 넘어, 자기의 인생에서 일어나는 모든 나쁜 일들은 오롯이 본인의 책임이라는 사상을 갖고 있다. 그리고 심적 태도의 자주적인 변화뿐 아니라, 사회에 의해 억압되어 있는 자기의 한계를 그룹 체험을 통해 해방하지 않으면 안된다고 생각하고 있다. 그 자기상(像)은 적극사고의 '강한 자기'를 물려받으면서도 억압으로부터의 세러피(therapy)적인 해방을 지향하는 것이다. 그러나 역점은 여전히 자기 내면에 있기 때문에 자기계발세미나가 어떠한 사회변혁으로 이어질 가능성은 작다.[48]

이 '강한 자기'라는 용어가 하나의 열쇠가 될 것이다. 수강자는 현실의 자기가 '강한 자기'가 아니기 때문에, 그리고 여러 가지 불우함과 불

---

47 같은 책, pp. 42~49.
48 小池靖, 『セラピー文化の社会学』, p. 81.

안감을 안고 있기 때문에 세미나를 수강하는 것이며, 그에 의해 '강한 자기'를 손에 넣으려 한다. 그러나 그것을 손에 넣기 위해서는 '자기책임'도 또한 떠맡아야 하는 것이다.

이 사상이 말하듯이 '자기 인생에서 일어나는 모든 나쁜 일들'은 오롯이 '자기책임'이라고 한다면, 자기의 불우함에 대해서는 '사회가 나쁘다'라고도, '다른 사람의 탓'이라고도 생각해서는 안된다는 식이 된다. 고이케는 더 나아가 이렇게 설명한다.

> 자기책임의 논리의 귀결로서 인생은 전부 자기 선택이다라고도 설교당한다. 이는 세미나 메시지의 하나의 핵심을 이루는 생각이다.[49]

전부가 '자기의 선택'이라고 한다면 '강한 자기'란 장래를 향해서는 "무한한 가능성을 갖는 자로서, 자기 인생의 모든 책임을 떠맡고 주체적으로 선택하고 표현해 가는 존재로서 파악되고 있다."[50] 이것이야말로 신자유주의가 이념형으로서 상정하는 '자립심'을 가지고 '자구노력'을 실행하는 인간상이라는 점은 두말할 나위도 없다.

따라서 '자기계발'이라는 용어가 신자유주의적인 정책제언 중에 나타나는 것은 전혀 이상한 일이 아니다. 실제로 1995년에 당시 일본경영자단체연맹(日經連)이 발표한 『신시대의 「일본적 경영」—도전해야 할 방

---

49 같은 책, p. 99.
50 같은 책, p. 101.

향과 그 구체책(신·일본적 경영시스템 등 연구프로젝트 보고)』에는 '자기계발'이라는 용어가 자주 나온다.

이 보고서는 노동자를 3개 그룹으로 분류하여 그것을 '고용 포트폴리오'라 칭하고, 그 제3그룹으로 규정된 비정규고용의 확대에 포문을 연 정책제언으로서 잘 알려져 있다. 예를 들어 다음과 같은 문장에서 말이다. "금후의 고용 형태는 장기계속고용이라는 발상에 입각해서 기업 측에서도 일해 주기를 원하고, 종업원도 일하고 싶어 하는 장기축적능력 활용형 그룹, 반드시 장기고용을 전제로 하지 않는 고도전문능력 활용형 그룹, 일하는 의식이 다양화되어 있는 고용유연형 그룹으로 재편되어 갈 것으로 생각된다. 즉, 기업과 일하는 사람의 요구가 일치하는 곳에서 고용관계가 성립한다."[51]

이 중 '고용유연형 그룹'을 창출하기 위한 실질적인 요구가 '파견노동에 대한 규제 완화(원칙자유)'[52]라는 것이었다. 그것이 그 후 수차례에 걸친 노동자파견법의 '개정'으로 실현되어 간 사실은 두말할 필요도 없을 것이다.

그리고 이 보고서도 이미 보아 온 「『신경제사회 7개년계획』에 관해서」나 경제동우회의 제언과 동일하게 '개(個)의 주체성 확립'[53]이나 '본인

51 日本経営者団体連盟, 『新時代の「日本的経営」— 挑戦すべき方向とその具体策』(新·日本的経営システム等研究プロジェクト報告)』, 日本経営者団体連盟, 1995, pp. 3~4.
52 같은 책, p. 9.
53 같은 책, p. 4.

의 자구노력'[54]을 강조하는데, 거기에 또 하나 덧붙이고 있는 점이 '능력개발'이고 '자기계발'인 것이다. 「개성중시의 능력개발」이라는 제목의 제1부 제5장의 본문에서는 '자기계발'이라는 말이 네 번 사용되고 있는데, 그것이 말하고 싶어 하는 점을 가장 알기 쉽게 표현한 것이 다음 문장이다.

> 능력개발은 금후의 우리나라 경제, 각자 일하는 보람과 밀접하게 관련되어 있으며, 생애 교육의 발상에 서서 기업도 능력개발에 노력함과 더불어 각자도 자기계발에 열중함으로써 우리나라 전체의 능력 수준을 높여 나가는 일이 중요하다. (중략) 기업이 실시하는 능력개발에 종업원은 적극적으로 참여함은 물론, 자기계발 등에 의해 가일층의 자기실현을 도모하도록 스스로의 능력은 스스로 향상시킨다는 의식을 확고히 견지하는 일이 무엇보다 소중하다.[55]

여기서는 '자기계발'이라는 말이 '스스로의 능력은 스스로 향상시킨다'는 '자구노력'으로서의 '인적 자본 투자'와 거의 같은 의미로 사용되고 있음을 알 수 있다. 그러나 그에 대해 기업이 어떻게 '보상'을 할지에 대해서는 일체 언급이 없다.

또 이 문서에는 '자구노력'이라는 말도 되풀이하여 나타나는데, 거기에는 더욱 깊은 의미가 내포되어 있다. 같은 장의 조금 뒤에는 다음과

---

54 같은 책, p. 5.
55 같은 책, p. 48.

같은 문장이 이어진다.

> 전문적 능력을 보유하고 있으면, 경영환경의 변화, 경영전략의 변경에 따르는 직종전환이나 타사로의 전적(轉籍), 출향(出向, 명령을 받아 소속은 그대로 둔 채 다른 회사·관청 등에서 근무하는 것-역주) 등의 사태에 직면해도 대처하기가 용이하다. 단적으로 말하면, 앞으로는 사외에서도 통용하는 인재 육성을 목표로 삼아야 한다. (중략) 그를 위해서는 기업이 실시하는 능력개발 외에, 전문적 능력을 향한 종업원 개개인의 의욕과 자구노력이 중요하다. 특히 중고년층의 신기술·지식에 대한 적극적인 대응이 요망된다.[56]

이 표현에 의하면 '자구노력이 중요'한 것은, '직종전환이나 타사로의 전적, 출향 등', 요컨대 '리스트라'(리스트럭처링의 준말로서 구조조정 혹은 정리해고를 의미함-역주)에 대응하여 살아남기 위해서이다. '사외에서도 통용하는' 것이 요구되고 있는 이유는, 노동자가 해고되어 일자리를 잃을 가능성을 에둘러 말한 것이라고 볼 수 있다. 이미 보았듯이 좀 더 노골적으로 '각자의 자구노력으로 실업 문제를 해결'하도록 요구하는 경제동우회의 제언이 발표되는 것은 이로부터 2년 후이다.

일경련(日經連)의 이 보고서는 더 나아가 제2부 제7장 「경영전략에 따른 능력개발」에서 "과거와 같이 회사가 하나부터 열까지 뒷바라지해 주

56 같은 책, p. 50.

는 능력개발이 아니라, 종업원 스스로가 자기의 장래를 의미 있게 보내기 위해 적극적으로 능력개발에 도전해 가는 자세가 바람직하다"[57]고 말하면서 '자기의 장래'에 대한 책임을 노동자에게만 전가하고, 제8장 「기업복지의 중점시책」에서는 "기업복지에는 당연히 비용이 들어 최근 그것이 상당한 부담이 되고 있다. (중략) 앞으로는 비용의식, 합리화 의식을 갖고 기업복지를 생각할 필요가 있다"[58]라는 기업 측의 사정을 노골적으로 진술하고 있다.

이들 장에서도 '자기계발'이라는 용어가 되풀이되고 있는데, 요컨대 기업으로서는 노동자에 대해 '하나부터 열까지 뒷바라지해 주는' 것을 그만두고 '기업복지의 코스트'를 삭감하고 싶다. 그것을 달리 표현한 것이 '자기계발의 지원'[59]이었던 것이다.

일경련의 이 보고서의 제언은 곧바로 총리의 자문기관인 경제심의회의 보고서에 반영되었다. 그것이 1996년 12월의 경제심의회 행동계획위원회의 「고용·노동 워킹그룹 보고서」로서, 그 안에는 '자기계발'이라는 말이 15번이나 사용되고 있다.

이 보고서는 '노동수급의 보다 효율적이고 섬세한 매칭을 위한 개혁'이라 칭하면서, "구체적으로는 민영의 유료 직업소개사업의 자유화 및

57 같은 책, p. 103.
58 같은 책, p. 105.
59 같은 책, p. 106.

노동자 파견사업의 규제 완화를 제안하는" 것으로서, 더욱이 "공시된 정보에 입각해 구직자 자신이 실제로 소개서비스를 받을지 말지를 판단한다고 하는 정보공개와 자기책임을 중시하는 방향으로의 변혁도 이루어져야 한다"[60]라고 파견노동자의 '자기책임'을 강조하는 내용이었다. 그리고 노동자 파견사업의 규제 완화에 이은 제언이, '자기계발에 의한 직업능력의 향상을 위한 정책적 지원'이었던 것이다. 그러한 지원이 필요한 이유는 다음과 같은 것이었다.

> 경제구조의 변화는 산업구조를 바꾸고 취업구조를 바꾼다. 이에 바로 대응하여 사람들의 일의 내용도 바뀌지 않으면 안된다. 급속한 기술의 변화에 대응하여, 일하는 사람들은 그 지식이나 기능을 항상 새롭게 하고 연마해 나가지 않으면 그와 같은 변화에 따라갈 수 없게 된다. (중략) 더욱이 취업구조, 직업구조 면에서는 블루칼라의 비중이 줄고 화이트칼라의 비중이 증가하고 있다. 그것은 위로부터의 지휘명령에 따르면서 집단으로 일하는 식의 취업 형태 비중을 줄이고, 개인이 자기의 판단으로 처리하고 행동해 가는 업무 비중이 늘어나고 있음을 의미하고 있다. 화이트칼라의 일은 본질적으로 판단업무이기 때문에, 블루칼라와 같은 집단훈련은 적합하지 않다. 자신의 지식이나 기능을 향상시키기 위해서는 자기가 스스로를 계발하고 자기 투자를 하는 것이 기본이다.[61]

---

60 経済審議会行動計画委員会, 「雇用·労働ワーキンググループ報告書」, 内閣府, 1996 (http://www.5.cao.go.jp/j-j/keikaku/koyou1-j-j.html).
61 같은 책.

여기에서도 '자기계발'이라는 말은 '자기 투자'와 동일한 의미로 사용되고 있다. 즉, 특히 화이트칼라에 대해서 직장훈련이나 사내 교육이 아니라 스스로의 부담과 '자기책임'에 의해 '자신의 지식이나 기능을 향상시킬' 것을 요구하는 제언인 것이다. 그러나 앞서 본 일경련의 보고서와 전적으로 동일하듯이, 여기에서도 노동자의 '자기계발'에 대하여 기업이 어떻게 '보상'을 줄 것인가에 대해서는 일체 언급이 없다.

다른 한편 이 보고서가 마지막으로 내걸고 있는 '화이트칼라의 자기계발 등 추진전략'에 관한 '제언'은, 기업에 대해서는 "자기계발을 가능하게 하는 취업시간 면에서의 조건정비"로서 "구체적으로는 플렉스 타임(flex time) 제도의 활용, 시간 외 노동의 적정화 (중략) 등에 의해, 많은 노동자가 자기계발의 장해로서 들고 있는 취업시간 면에서의 문제를 해소하려고 하는" 것을 요구하고 있다. 그와 동시에 행정에 대해서는 "직업능력을 높이려는 목적으로 자기계발에 투자하는 노동자의 투자경비에 대한 소득공제"라는 '자기계발 우대 세제의 도입'을 요구하는 것이었다.[62] 여기서도 역시 '자기계발'은 '투자'로서 이해되고 있는 것이다.

이 자기계발 우대 세제는 실현되지 못하였으나, 2013년에 산로(産勞)종합연구소가 실시한 「커리어 자율시대의 자기계발 원조시책(援助施策)에 관한 조사」에 의하면, 앙케이트에 회답한 200사 중 9할 가까운 기업이

62 같은 책.

어떤 식으로든 '자기계발 원조시책'을 실시하고 있으며, 원조시책의 내용에 대해 회답이 있었던 174사 중 '참가비나 수강료 등의 금전적 지원'을 실시하고 있는 기업이 97.1%, '자기계발에 관련한 취업시간의 배려'가 49.4%, '사내에서의 자주적인 공부모임 등에 대한 지원이나 편의 제공'이 47.7%, 그리고 '사외에서의 자주적인 공부모임 등에 대한 지원이나 편의 제공'이 25.3% 등으로 되어 있다.[63]

기업이 이와 같은 '자기계발 원조'를 실시하는 경우에 중시하고 있는 목적은, 같은 조사에 의하면, 회답한 150사 가운데 '지식·스킬의 습득'이 78.0%, '공적 자격 등의 취득'이 66.0%였다.[64] 두 가지 모두 일과 직결하는 것들이다. 예전에는 OJT(On-the-Job-Training)라는 형태로 노동시간 내에 교육되고 있었던 '지식·스킬'이, 현재는 노동시간 외에 노동자의 '자기계발'이라는 이름으로 실행되고 있다고 할 수 있겠다. 이것 또한 노동자 자신이 회사가 필요로 하는 인간이 되기 위한 '자기책임'에 입각한 '자구노력'인 것이다.

---

63 産労総合研究所, 「キャリア自律時代の自己啓発援助施策に関する調査」, 2014, p. 3(http://www.e-sanro.net/reserch_jinji/jijiromu/career/pr1402-2.html).

64 같은 책, p. 4.

5. '강제된 자발성'

이제까지 신자유주의적 정책의 진전에 따라 새롭게 마련된 '새로운 베일'의 내용을 검토해 왔다. 여기서는 그 '새로운 베일'에 덮여 가려진 현대 노예제의 실상을 노동자 자신의 의식에 입각하는 형태로 확인해 보고자 한다. 열쇠가 되는 말은 '강제된 자발성'이다. 이는 노동 문제의 연구자인 구마자와 마코토(熊沢誠)가 사용하고 있는 용어인데, 현대 일본에서의 '은폐된 노예제'를 표현하는 것으로서 이 이상 적절한 말은 없을 것이다. 이 '강제된 자발성'이 야기하는 최악의 문제가 '과로사'다.

현대 일본에서의 장시간 노동이나 과로사·과로자살의 구체적 실태에 관해서는, 스스로 '과로사 110번 전국네트워크'에 관여한 경제학자인 모리오카 코지(森岡孝二, 1944~2018)의 저서 『과로사는 무엇을 고발하고 있는가—현대 일본의 기업과 노동』(岩波新書, 2014), 마찬가지로 '과로사 110번'에 참가하고 현재는 '과로사 변호단 전국연락회의'의 간사장을 맡고 있는 변호사 가와히토 히로시(川人博)의 『과로자살 제2판』(岩波現代文庫, 2018)이 소개하고 있는 다수의 사례를 참조해 주기 바란다.

여기에서는 구마자와의 저서 가운데, 1980년대 말에 과로사한 두 명의 노동자가 남긴 말을 소개하고자 한다. 하나는 장시간 잔업이 계속된 결과로서 1987년 2월에 급성심근경색으로 과로사한 광고대리점 「소게이」(創芸)의 제작부 부부장(43세)이 수기에서 남긴 말이다. 그는 이렇게 적고 있다.

현대의 수많은 샐러리맨들은 모든 의미에서 노예적이다. 돈으로 매수되어 있다. 시간에 얽매여 있다. 상사에 거역할 수 없다. 임금도 일방적으로 결정당한다. ….[65]

또 하나는 역시 장시간 노동 끝에 1989년 11월에 동맥류 파열의 지주막하 출혈로 과로사한 「주식회사 킨덴(きんでん)」의 하청기업 전기공사 기사(46세)가 침상에서 처에게 '불쑥 내뱉은' 말이다.

나는 노예인가.[66]

1988년 이래 줄곧 '과로사 110번'에 관여하여 노동자나 그 가족으로부터의 상담을 맡았던 가와히토 자신도 2014년에 이렇게 진술하고 있다.

SE란 system engineer의 생략어일 텐데, 나에게는 slave engineer(=노예기술자)의 약어처럼 들린다. 본래 SE는 21세기를 담당하는 기술자이어야 하는데, 유감스럽게도 현대 일본에서는 과중노동의 대명사로 되어 가장 가혹한 노동의

---

65 熊沢誠, 『過労死·過労自殺の現代史 — 働きすぎに斃れる人たち』, 岩波現代文庫, 2018, pp. 162~163.
66 같은 책, p. 71.

하나가 되어 있다. (중략) 최근 5년간의 '과로사 110번'에의 자살상담을 보더라도 직종이 판명되는 상담 중 약 20%는 SE의 사업이다.[67]

광고대리점이건 전기공사회사이건, IT기업의 SE이건 현대 일본의 노동은 그야말로 '노예적'인 상태에 놓여져 있다. 다만 1980년대에 과로사한 두 사람이 자기자신이 놓인 상태를 '노예적/노예'라고 표현하는 어휘를 갖고 있었던 데 대해, 2000년대 이후 과로사한 사람들이 남긴 말은 분명 상이한 인상을 준다. 가와히토가 소개하고 있는 두 가지 사례를 보자.

하나는 2001년 12월에 과로자살한 오릭스(オリックス) 주식회사 아쓰기(厚木) 지점에 근무하고 있었던 여성 종합직(26세)이 남긴 수첩의 메모이다. 거기에는 이렇게 쓰여 있다.

아침 일찍부터 밤늦게까지 회사에 있으며, 행동을 관리받고 주위로부터 엄중한 소리를 듣는 상황 속에서, 그에 대해 '자기'가 사라져 버리게 되었습니다. 자기가 어떤 인간이고 무엇을 생각하고 무엇을 표현해야 좋을지를 모르겠습니다. 좀 더 강한 자기이고 싶었습니다.[68]

---

67 川人博, 『過労自殺 第2版』, 岩波新書, 2014, p. 20.
68 같은 책, p. 30.

또 하나는 2006년 6월에 역시 과로자살한 초등학교 여성 교원(23세)이 남긴 노트의 문장이다. "무책임한 저를 용서해 주세요. 모두 저의 무능함이 원인입니다. 가족 모두들 죄송해요."[69]

1980년대에 과로사한 노동자들은 자기가 회사에 혹은 상사에 종속되어 그에 거역할 수 없는 '노예'라고 하며 적어도 스스로를 객관적인 관계 속에서 볼 수가 있었다. 그에 비해 2000년대에 과로자살한 노동자들은 "좀 더 강한 자기이고 싶었다"고 자신의 '나약함'을 고백하고, 혹은 '무책임한 나', '나의 무능함'을 자책하는 말을 남기고 있는 것이다.

전자는 40대의 남성들, 후자는 20대의 여성들인데, 문제는 단순한 연령이나 성별의 차이가 아닐 것이다. 1940년대 중반에 태어나 전후 민주주의 시대에 자기형성을 이룬 세대와 1970년대 후반 이후에 태어난 세대와의 사이에 있는 것. 여기에는 명백히 1990년대 중반 이후 되풀이하여 강조되었던 '자기책임론'의 영향을 볼 수 있다. 같은 시기에는 '강한 자기'를 키워드로 하는 '자기계발" 붐이 있었던 점도 잊어서는 안된다.

이처럼 개개의 노동자에게 '강한 자기'와 '책임'을 요구하는 것은 물론 기업 측이며, 노동자는 이제는 그것을 깊이 내면화하여, 상사의 과대한 요구에 응하지 못하는 스스로의 '나약함'이나 '무능함'을 자기자신의 책임으로 돌리게 되고 말았다. 그것이 설령 과로사나 과로자살로까지

---

69 같은 책, p. 83.

이르렀다 하더라도, 기와히도에 의하면 "많은 기업은 노동조건이나 노동관리의 문제점을 짐짓 모른 체하고 문제 삼지 않으며, 자살을 노동자 개인의 책임으로 파악하는 경향이 강하다. 그리고 유족에 대해 '회사에 폐를 끼쳤다'며 고압적인 태도를 취하고, 유족은 '죄송하다'고 사과하는 입장에 서게 되는 경우도 있다"[70]고 한다.

소정의 노동시간 내에는 끝낼 수 없을 정도의 작업량(생산고나 계약고)이나 납기 엄수를 '목표'로 부과받아, 노동시간 규제도 거의 없고 수면시간도 줄여 가며 장시간의 '테이크아웃' 잔업(남은 일을 집에까지 가져와서 하는 잔업)이나 서비스 잔업을 해야 하는 상황으로 내몰리면서도 그것은 '자발적 행위'로 간주되어, 그 결과는 '자기책임'의 몫으로 된다. 그것이 현대 일본에서의 '강제된 자발성'이다. 이 얼마나 도착된 세계인가.

장시간 노동과 그 최악의 결과로서의 과로사·과로자살에 대해서 구마자와는 다음과 같이 결론을 맺고 있다.

> 기업이 요청하는 과중노동이 책임감이 강한 일꾼을 죽음으로 몰아넣는다. 어떠한 사례에 관해서도 그 점에 있어 기업노무는 최대의 책임을 면할 수 없다. 그렇다고 해도 현대의 노동이 엄밀하게 말해 노예노동이 아닌 한, 과로사든 과로자살이든 그것들은 과잉노동을 요청하는 기업의 논리에 대한, 노동자의 어느 정도 자발적인 대응 결과로서 나타나는 것이다. 과로사·과로자살은 일반

70 같은 책, pp. 108~109.

적으로 이러한 '계급 없는' 일본의 노동자에게 친숙한 '강제된 자발성'으로부터 발생하는 비극의 궁극적 모습인 것이다.[71]

여기서 구마자와는 '〈계급 없는〉 일본'이라는 말을 꺼내고 있다. 그는 이어 이렇게도 말하고 있다. "일본의 노동자는 현재까지는 '회사의 일을 위해'라는 것과 '자기의 생활을 위해'라는 것을 전혀 판별하지 못하는 사람들이었다."[72] 일본의 노동자에 대한 냉정한 비판처럼 들리는 이 말은 무엇을 의미하는 것일까.

그것은 아마도 구마자와가 품은 분노이며 안타까움이다. 직접 언급하지는 않았지만, '계급'이라는 말을 사용함으로써 그가 상정하고 있었던 것은 다음과 같은 마르크스의 문장이었음은 틀림없을 것이다.

자본가가 노동일(=하루의 노동시간)을 되도록 연장하여 가능하면 1노동일을 2노동일로라도 만들려 할 때, 그는 구매자로서의 자기 권리를 주장하는 것이다. 한편 판매된 상품의 독자적 성질에는, 구매자에 의한 그것의 소비 제한이 포함되어 있는 것으로서, 노동자가 노동일을 일정한 정상적 길이로 제한하려고 할 때, 그는 판매자로서의 권리를 주장하는 것이다. 그렇기 때문에 여기에서는 하나의 이율배반이 발생하는 것이다. 즉, 어느 쪽도 동등하게 상품교환의 법칙에 의해 보증되어 있는 권리 대 권리이다. 동등한 권리와 권리 사이에서는

---

71 熊沢誠, 『過労死·過労自殺の現代史』, pp. 396~397.
72 같은 책, p. 398.

힘(die Gewalt)이 사태를 결정한다. 이러한 이유에서 자본주의적 생산의 역사에서는, 노동일의 표준화는 노동일의 한계를 둘러싼 투쟁—총자본가 즉 자본가 계급과 총노동자 즉 노동자 계급 간의 투쟁—으로서 나타나는 것이다.[73]

노동자에게는 1일의 노동시간을 '일정한 정상적 길이'로 제한할 정당한 권리가 있다. 그것은 자유주의자도 인정하는 자본주의 사회에서의 '정의'이다. 내일도 또 건강한 상태로 일할 수 있도록 자기의 노동능력을 보전하고 노동시간을 제한하는 것. 그러나 그것을 실현하기 위해서는 회사의 요구에 항의하고 상사의 명령에 이의 제기를 하면서 싸우지 않으면 안된다. 그것이 '계급투쟁'인 것이다.

과로사로까지 이르는 장시간 노동이 만연하고 있는 현대 일본의 상황은, 일본의 노동자가 '노동일의 한계를 둘러싼' 이 '계급투쟁'에서 패배하였다는 것을 의미하고 있다. 그것을 구마자와는 '계급 없는' 일본이라고 표현한 것인데, 하비도 『자본론』에서 마르크스의 '계급투쟁' 이해에 대해 다음처럼 설명하고 있다.

역사적으로는 노동일의 길이, 주 노동일수, 연간 노동일수(유급휴가), 생애 노동 연수(퇴직연령)를 둘러싼 획기적이고 지속적인 투쟁이 있었던 것이며, 이 투

73 Karl Marx, *Das Kapital: Kritik der politischen Oekonomie*, Bd. 1, in: *MEGA*, Ⅱ/5, Berlin: Dietz, 1983, S. 181(岡崎次郎訳, 『資本論』 第1巻, 『全集』 第23巻 第1分册, 大月書店, 1965, p. 305).

쟁은 오늘날까지도 여전히 계속되고 있다. 이는 명백히 자본주의 역사에서의 근본적 측면이며, 자본주의적 생산양식에서의 중심적 문제이다.[74]

그리고 하비는 이 문장에 이렇게 덧붙이고 있다. "과도한 노동(overwork)에 의한 죽음은 19세기에 한정된 것이 아니다. 일본에는 그것을 나타내는 '과로사'(karōshi)라는 전문용어가 존재하고 있을 정도이다."[75]

로마 문자 표기의 'karōshi'는 이미 『옥스퍼드 영어사전』에도 수록될 정도로 유명한 말이 되고 말았다. '과도한 노동이나 일에 관련한 극도의 피로가 초래하는 죽음'(death brought on by overwork or job-related exhaustion). 이것이 우리가 살고 있는 세계이다. '은폐된 노예제', 그리고 '강제된 자발성.' 그러나 희망이 없는 것은 아니다. 지금 다시금 자본주의와 노예제를 둘러싼 논의가 활성화하고 있기 때문이다. '은폐된 노예제'에 대한 인식이 재구축되어 가고 있기 때문이다.

다음 장에서는 우선 자본주의 개념의 재검토부터 살펴보기로 하자.

---

74 David Harvey, *A Companion to Marx's Capital*, p. 138(森田成也·中村好孝訳, 『<資本論>入門』, pp. 212~213).

75 같은 책, p. 143(p. 219).

제6장

노예제로부터 벗어나기 위하여

1. 자본주의와 노예제—포메란츠

이미 인용하였다시피 마르크스는 "유럽에서 임금노동자의 은폐된 노예제는, 신세계에서 말 그대로의 노예제를 받침대로서 필요로 하였다"[1]고 이해하고 있었다. 식민지에서 흑인노예제가 없었다면 유럽의 자본주의도 없었다, 혹은 적어도 다른 형태로 되었을 것이라고 본 것이다. 그 직전에는 다음과 같이도 쓰고 있다.

> 아메리카의 금·은 생산지의 발견, 원주민의 소멸(掃滅)과 노예화와 광산으로의 매몰, 동인도의 정복과 약탈의 개시, 아프리카의 상업적 흑인 수렵장으로의 전화, 이들 사건은 자본주의적 생산 시대의 서광을 특징짓고 있다. 이러한 목가적 과정이 본원적 축적의 주요 계기인 것이다.[2]

이와 같은 마르크스의 '본원적 축적'론을 발판으로 삼으면서도 마르크스의 이름을 한 번도 꺼내지 않고 영국 자본주의의 성립 과정을 실증적으로 재검토하여 그 성과를 박사논문으로 옥스퍼드 대학에 제출한 사람이 에릭 윌리엄스였다.

---

1 Karl Marx, *Das kapital: Kritik der politischen Oekonomie*, Bd. 1, in: *MEGA*, Ⅱ/5, Berlin: Dietz, 1983, S. 607(岡崎次郎訳,『資本論』第1巻,『全集』第23巻 第2分冊, 大月書店, 1965, p. 991).

2 같은 책, S. 601(p. 980).

이 박사논문을 수정 보완하여 출판한 것이 『자본주의와 노예제』이다. 이것도 이미 인용하였던 부분이지만 그의 주장의 요점을 다시 한번 확인해 두자.

> 1750년대까지 잉글랜드에서는 어떤 식으로든 삼각무역 또는 식민지와의 직접 무역과 무관한 무역도시나 제조업 도시는 거의 없었다. 이들에 의해 얻은 이윤은 산업혁명의 자금을 조달하게 되는, 잉글랜드에서 자본축적의 본류의 하나가 되었다.[3]

요컨대 노예무역이 없었다면 산업혁명도 없었을지도 모른다는 지적이다. 이 책 마지막 장의 「결론」에서도 윌리엄스는 이렇게 쓰고 있다.

> 18세기의 상업자본주의는 노예제와 독점에 의해 유럽에 막대한 부를 가져왔다. 그러나 동시에 그것은 19세기의 산업자본주의 시대를 불러일으키는 역할을 하게 됨으로써, 역으로 상업자본주의와 노예제 및 그 여러 산물을 파괴하는 것으로 이어졌다.[4]

이러한 윌리엄스의 주장은 그 후 주로 영국 역사가들로부터 다양한 비판을 받아 왔으나, 현재의 경제사 연구는 다시금 윌리엄스 테제의 타

---

3 Eric Eustace Williams, *Capitalism & Slavery*, with a New introduction by Colin A. Palmer, Chapel Hill: The University of North Carolina Press, 1994, p. 52(山本伸監訳, 『資本主義と奴隷制―経済史から見た黒人奴隷制の発生と崩壊』, 明石書店, 2004, p. 92).

4 같은 책, p. 210(p. 302).

당성을 인정하기에 이르렀다. 그 최근 예의 하나가 미국의 경제사가 케네스 포메란츠(Kenneth Pomeranz)의 2000년 저서 『대분기—중국, 유럽 그리고 근대세계경제의 형성』이다. 이 책의 부제가 시사하듯이 그의 문제의식은 18세기까지는 화폐경제의 확산에서도, 경제적 풍요에서도 거의 차이가 없었던 중국의 강남(江南) 지역이나 일본과 서유럽 사이에 역사적인 '분기'가 왜 발생하였는가라는 점에 있다.

서유럽에서만 근대자본주의가 성립한 것은 무엇 때문인가라는 주제는 19세기 말 이후 유럽의 사회과학자들에 의해 자주 다루어지고 다양한 형태로 논의되어 왔다. 그리고 자본주의 성립의 요인으로서 거론된 것이, 프로테스탄트의 종교윤리라던가, 도시와 농촌의 분업이라던가, '시민사회'의 성립 등 주로 유럽 내부에서의 경제적 혹은 문화적 발전의 독자성으로 간주되었던 역사적 과정이었다. 이에 대해 포메란츠는 다음과 같이 서술하고 있다.

> 서유럽은 18세기까지 여러 노동절약적인 기술의 이용이라는 면에서 세계의 다른 지역보다 돌출해 있었다. 그러나 여러 토지집약적 기술에서는 여전히 뒤처져 있었기 때문에, 만약에 해외 자원이 없었다면 급속한 인구 증가와 자원수요 증가로 인해, 서유럽도 보다 노동집약적인 성장경로로 되돌려졌을지 모른다. 그 경우, 중국이나 일본과의 '분기'는 훨씬 작은 것이 되었을 것이다. 따라서 본서에서 서유럽의 발전과 유라시아 다른 지역(특히 중국과 일본)의 발전의 차이에 대해서는 이를 설명하는 근거를 해외의 억압에서 구하는 것이다.[5]

서유럽에 의한 '해외의 이익'이란, 즉 '신세계=아메리카'의 식민지화를 가리키는 것이다. 이 식민지 지배가 유럽에게 '생태환경상의 구원'이 되었다고 포메란츠는 말한다.

> 이 구원은 단지 신세계의 풍성한 자연의 선물에 그 기반이 있었을 뿐 아니라, 노예무역이나 기타 유럽의 식민지 시스템의 특징들이 새로운 모종의 주변을 창출하였다는 사실에 기반하고 있는 것이다. 이러한 주변의 창출에 의해 유럽은 항상적으로 증가하는 대량의 노동집약적 생산물과 이 또한 항상적으로 증가하는 대량의 수출 공업품과의 교환이 가능해졌다./공업화 초기부터 이 보완성의 핵심 부분은 노예제에 의지하고 있었다. 노예는 신세계의 플랜테이션(plantation)에 의해 해외로부터 구매되었는데, 스스로의 생존에 필요한 물자는 종종 극히 소량만 생산되었다. 따라서 노예제 지역은 예를 들어 동유럽이나 동남아시아보다도 훨씬 많은 것을 수입하였다.[6]

대서양 삼각무역에 의해 연결된, 신세계 플랜테이션과 유럽의 공업화의 밀접한 상호 보완 관계, 그것이야말로 마르크스가 강조하고 윌리엄스가 실증적으로 증명하고자 하였던 문제였다.

다시금 확인해 보자. 신세계의 노예제가 없었다면 자본주의는 없었으며 근대세계시스템도 탄생하지 않았다. "따라서 세계 최초의 '근대적'

---

5 Kenneth Pomeranz, *The Great Divergence: China, Europe and the Making of the Modern World Economy*, Princeton: Princeton University Press, 2000, p. 4(川北稔監訳, 『大分岐—中国, ヨーロッパ, そして近代世界経済の形成』, 名古屋大学出版会, 2015, p. 18).

6 같은 책, p. 20(pp. 35~36).

중핵과 최초의 '근대적' 주변은 동시에 형성된 것이다."[7] 그리고 이 '근대적 중핵'의 우위는 마르크스가 그 '본원적 축적'론에서 묘사하였듯이 기본적으로 폭력에 의한 것이었음을 포메란츠도 지적하고 있다. "뛰어난 상업조직보다도 오히려 정치적·군사적 힘이야말로 유럽 상인이, 인도에서는 현지 상인으로부터, 필리핀에서는 중국인 상인으로부터 (전부는 아니고) 몇몇 무역의 지배권을 탈취하는 데 결정적인 수단이었다고 생각된다."[8]

요컨대 유럽에서 자본주의를 성립시킨 요인은, 스미스가 묘사한 것과 같은 유럽 내부에서의 '근면하고 절약적'인 사람들에 의한 '선행적 축적' 등이 아니라, 오히려 '유럽 외에서의 군사적인 강제'[9]였던 것이며, "유럽의 새로운 금융제도와 다양한 형태를 취한 재정=군사국가주의는 군사력을 동반한 식민과 해외무역을 조직하는 데 매우 적합한 것이었다"[10]고 하는 사실에 있는 것이다. 홀란드의 연합 동인도회사나 영국의 아프리카회사와 동인도회사를 떠올리면 알 수 있듯이, 군사력에 의한 식민지 지배와 거기서의 노예제 플랜테이션 경영이야말로 '주식회사'의 출발점이었다. '회사'가 경영하는 '노예제'는 그야말로 자본주의의 기본 형태였던 것이다. 포메란츠는 다음과 같이 결론짓는다.

---

7 같은 책, p. 25(p. 40).
8 같은 책, p. 182(p. 194).
9 같은 책, p. 188(p. 201).
10 같은 책, p. 192(p. 204).

이리하여 신세계의 개발과 노동력으로서 연행된 아프리카인의 착취는 많은 점에서 '환상의 경지(耕地)'의 수치가 나타내는 이상의 의미를 갖고 있었다. 모든 지표를 종합해 볼 때, 이러한 착취가 서유럽을 구세계의 다른 중핵 지역보다 우위에 서 있게 하는 데 있어 다른 어떤 요소보다도 커다란 의미를 지녔다고 생각한다.[11]

그러나 이야기는 여기서 끝이 아니다. 지금까지 자세히 보아 왔듯이 19세기에 이르러 노예제가 폐지된 후에도 '은폐된 노예제'는 존속하였기 때문이다. 포메란츠도 다음의 사실을 확인하고 있다.

이와 같은 식민지 시대에 움직이기 시작한 다이내믹스가, 노예제 지역과 자유노동 지역의 어느 쪽으로부터도 자원이 유럽으로 유입하는 틀을 만들어 놓아, 그 후 '식민지'의 독립과 '노예' 해방에도 불구하고 19세기를 통해서 더욱더 가속화되었다는 사실이다.[12]

다시 말해 19세기 후반에는 '노예제 지역'은 소멸하고 '자유노동 지역'만이 남게 된 것인데, 벅모스의 말을 재차 빌리자면 "노동자는 설사 실제로는 영속적인 종속 상태에 머물러 있다 할지라도, 약간의 임금이라도 받는다고 승낙하였다면 자유인으로 정의될 수" 있게 되었기 때문에, "자유노동이라는 이데올로기는 (중략) 영국의 노동자 계급에게 패배를

11 같은 책, p. 283(p. 291).
12 같은 책, p. 21(p. 36).

가져왔다." 그녀는 이어서 말한다. "우리는 근대를 유럽과 동의어로 상상함으로써 근대자본주의가 식민지 시스템의 산물이었다는 사실에 대해 얼마나 오해해 왔던 것인가."[13]

다시 한번 되풀이하자. 노예제가 없었다면 자본주의는 없었다. 근대 자본주의 세계시스템이 성립하기 위해서는 노예제 플랜테이션은 불가결이었다. 그리고 지금도 여전히 '자유로운 노동자'라는 베일에 덮여 있는 '은폐된 노예제'가 없다면 자본주의는 성립하지 못한다. 그것이 우리가 지금까지 살아왔던 세계, 세계사적 현재인 것이다.

2. 머룬과 조미아—스콧

그와 같은 세계 속에서 아이티의 흑인노예들은 18세기 말이 되자 무장봉기로 일단은 스스로를 해방시켰다. 그러나 아이티에 흑인노예제가 성립한 후 아이티혁명이 발발할 때까지 약 100년이라는 시간이 경과하였다. 그간 노예들은 묵묵히 노예제를 참고 지내왔을까.

그렇지는 않았다. 하마 타다오(浜忠雄)에 의하면 "'아이티 흑인노예의

13 Susan Buck-Morss, *Hegel, Haiti, and Universal History*, Pittsburgh: University of Pittsburgh Press, 2009, p. 100(岩崎稔·高橋明史訳, 『ヘーゲルとハイチ—普遍史の可能性にむけて』, 法政大学出版局, 2017, p. 94).

역사는 도망 노예화의 역사였다'고 말해질 정도로 도망은 비록 소규모라도 종종 조직적인 저항이 되었다. 게다가 국토의 5분의 4가 산지인 생도맹그(Saint-Domingue)는 도망칠 장소가 도처에 존재하였다. 도망에 성공한 노예는 산간벽지에 공동체를 만들어 리더를 뽑고, 토지를 경작하고 집을 짓고 바리케이드를 쌓아서 그곳을 거점으로 삼아 습격이나 약탈을 되풀이하였던 것이다."[14]

노예들은 도망치고 도망지에 자기들의 생활공간을 구축하고 나아가서는 무장하여 노예제 플랜테이션 소유자들에 대한 '습격이나 약탈을 되풀이하였다'고 한다. 노예에 대한 이미지가 조금은 바뀌었을 것이다. 노예는 결코 무력하고 불쌍한 피해자이기만 하지는 않다. 싸우는 도망 노예. 그리고 이는 아이티에 국한된 이야기가 아니다.

동남아시아의 산악 지역민을 연구 대상으로 하는 미국의 인류학자 제임스 C. 스콧(James C. Scott)은, 2009년의 저서 『통치(지배)받지 않는 기술—동남아시아 고지의 무정부적인 역사』(일본어 역서 제목은 『조미아—탈국가의 세계사』)에서 '조미아'(Zomia) 지역 사람들의 '무정부적인 역사'를 밝혀내고 있다. '조미아'란 "베트남 중앙고원에서 인도 북동부에 걸쳐 있는, 동남아 대륙부의 5개국(베트남, 캄보디아, 라오스, 태국, 버마)과 중국의 4개 성(雲南, 貴州, 廣西, 四川)을 포함하는 광대한 구릉지대를 가리키는 신

14 浜忠雄, 『カリブからの問い—ハイチ革命と近代世界』, 岩波書店, 2003, pp. 54~55.

명칭"이라고 하는데, 그에 의하면 "조미아는 국민국가에 완전하게 통합되어 있지 않은 사람들이 아직도 잔존하는 세계 최대의 지역"이라고 한다.[15]

우리에게 흥미로운 것은, 스콧이 조미아를 '북미 애팔래치아산맥의 국제적 월경(越境)판'으로 간주하고 있다는 점이다. 그것은 다음과 같은 의미에서이다.

> 산지민이란 지금까지 2000년 동안 노예, 징병, 징세, 강제노동, 전염병, 전쟁 등 평지에서의 국가 건설사업에 수반하는 억압으로부터 도주한 도망자, 피난민, (노예제로부터 도망친) 머룬 공동체의 사람들이다.[16]

노예제로부터 도망친 '머룬 공동체'란, 17세기에서 18세기에 카리브해 지역이나 수리남, 기아나 등의 노예제 플랜테이션으로부터 도망친 흑인들이 '산간벽지'에 구축한 자급자족적 공동체를 말한다. '머룬'(Maroon)이란 스페인어의 '야생화한 흑인'(negro cimarrón)의 형용사 '씨머론'이 영어와 프랑스어에 들어가 전와(轉訛)된 것이라고 하는데, 머룬 공동체가 존재하였던 범위는 북쪽은 아메리카의 노스캐롤라이나주로부터 남쪽으로는 브라질 아마존강 유역까지 미친다고 한다. 아이티도 물론 그 속에 포함

---

15 James C. Scott, *The Art of Not Being Governed: An Anarchist History of Upland Southeast Asia*, New Haven and London: Yale University Press, 2009, p. ix(佐藤仁監訳, 『ゾミア―脱国家の世界史』, みすず書房, 2013, p. ix).

16 같은 책, p. ix(pp. ix~x).

되어 있다. 북아메리카 본토의 애팔래치아산맥은 '머룬' 북쪽 상한인 노스캐롤라이나주의 서부에 위치한 '산간벽지'였다.

스콧의 '조미아' 연구는 머룬과 마찬가지로 강제노동이나 병역을 강요하는 '국가 형성에 대한 반응으로서 의도적으로 창출된 무국가 공간', '국가 형성으로부터 도주한 사람들의 역사'를 동남아시아에 입각하여 구체적으로 묘사하려고 한 것이다. 그러나 그의 문제의식은 전 세계로 확산된다. 도망치는 사람들은 실제로 전 세계에 존재해 왔기 때문이다. 그는 이렇게 선언한다.

> 본서는 강권적인 국가와 예속적 노동조직으로부터 밀려 나온 사람들—집시(Gypsy), 코사크(Cossack), 신세계나 필리핀에서 스페인의 (예수회 선교사에 의한 선주민의 정주를 목적으로 건설된) '리덕시온'(riducciones) 이식촌(移植村)으로부터 도주한 부족민, 도망노예의 공동체, 습지대(마쉬, Marshland-역주) 아랍, 샌(San)·부시맨(Bushman) 등—의 다양한 역사를 연계하는 시도이기도 하다.[17]

스콧이 머룬이나 조미아에 주목하는 것에는 또 하나의 의미가 있다. 그것은 이제까지의 '저지(低地) 국가'를 기준으로 한 역사관, 즉 발전단계론적인 '문명사관'을 해체하는 일이다. 머룬이 '야생화한 흑인'으로부터 파생된 용어라는 점은 앞서 지적하였다. '가축'처럼 온순하게 노예노동

17 같은 책, p. x(p. x).

에 종사하는 일을 그만두고 산지로 도망친 사람들은 '야생화한' 동물과의 비교에서 '머룬'이라고 불리었던 것이다. '길들어진 동물'과 '야생'의 대비. 이는 곧바로 '문명' 대 '야만'의 대비와 겹쳐진다.

다시 말해 머룬이나 조미아에 주목하는 것은, '문명'과 '야만'의 가치관을 반전시키는 일이기도 하다. 스콧은 다음처럼 선언하고 있다.

> '야만인'(barbarians)은 단지 미발전 단계에 남겨진 사람들이 아니라, 자율의 유지라는 점으로부터 거주지, 생업활동, 사회구조를 적극적으로 선택해 온 정치적 주체라고 생각한다면, 종래의 사회발전적 문명사관은 완전히 붕괴한다. 저지 국가의 우월감이 의거하고 있는 것은 두 종류의 단계적 문명론이다. 하나는 채집과 수렵으로부터 화전 또는 유목, 정주농경, 관개수도에 이르기까지의 농경 발전사관이다. 또 하나는 숲에서의 이주형 생업으로부터 소규모 개척, 촌락, 마을, 도시에 이르기까지의 일련의 사회조직 발전사관이다. 이와 같이 상정된 '단계'(stages)의 하나하나가 실은 국가와의 관계를 규정하는 사회적 선택지를 기반으로 하는 것이었다고 말한다면 어떠한가. 그리고 만약 변경민의 상당수가 오랜 세월에 걸쳐 국가를 접근하지 못하도록, 보다 '원시적'(primitive)인 생활 형태를 전략적으로 선택해 왔다고 한다면 어떠한가. 그와 같이 시점을 옮겨서 바라본다면, 구래의 사회진화론도 포함해 저지 국가에서 만연하는 문명론은, 자율민을 원시인으로 간주하고, 국가와 문명인을 중첩시켜 바라보는, 자신들에게만 편리한 언설임을 잘 알 수 있다./이런 종류의 문명사관의 논리는 근본적으로 뒤집어져야 한다는 것이 이 책 전체에 걸친 나의 주장이다.[18]

---

18 같은 책, pp. 8~9(p. 9).

우리의 문제의식에 입각하여 다른 식으로 표현하자면 다음과 같을 것이다. 근대의 자본주의는 고대의 노예제, 봉건제 등의 '단계'를 밟고 넘어서 '진화/발전'해 온 '보다 좋은/보다 우수한' 생산 시스템이 아니다. 무엇보다 자본주의는 노예제 없이는 존속할 수 없기 때문에. 그리고 또 하나 어떤 시대에도 국가적 지배나 강제적인 노동관계로부터 도피하여 '자율적'인 생활을 희구하는 일정 수의 사람들이 존재하였다는 사실이다.

머룬은 노예제 플랜테이션으로부터 도망친 노예의 공동체였는데, 조미아도 또한 중국이나 동남아시아의 '수도(水稻) 국가(수전 도작을 경제적 기반으로 한 국가)에 의한' '상당 규모의 노예사냥'으로부터 도망친 사람들의 공동생활의 장이었다. 스콧에 의하면, "국가는 노동력의 집약 없이는 성립하지 않는" 것이며, "그리고 노동력의 집약은 노예제도 없이는 있을 수 없다. 따라서 이들 모든 국가는 특히 해양국가를 포함하여 노예국가였던 것이다."[19]

여기서 '노예국가'로 번역된 원어는 〈slaving states〉이다. 직역하면 '사람들을 노예화하는 국가'일 것이다. 자본주의뿐만 아니라 국가는 본래 '사람들을 노예화'하는 존재라는 것이 스콧의 주장에 다름 아니다.

이상과 같은 머룬이나 조미아에 관한 개별 연구를 토대로 하여, 스

19 같은 책, p. 85(p. 86).

콧이 그다음으로 『실천, 하루하루의 아나키즘』(2012)에서 새삼 제기한 개념이 '저류(底流)정치'(infrapolitics)였다. 이는 '하층 계급'이나 '종속적 집단'에 의한 조직화되지 않은 정치적 활동을 나타내는 말인데, 이 개념을 그는 다음과 같이 설명하고 있다.

> 저류정치라는 단어에서 내가 염두에 두고 있는 것은, 질질 끄는 작업, 밀렵, 좀도둑, 시치미, 농땡이, 도피, 상습결근, 불법점거, 도산(逃散) 등의 행위이다. 도피(desertion)에 의해 동일한 목적을 달성할 수 있다면, 굳이 반란을 기도하여 사살될 위험을 무릅쓸 필요가 있을까. 불법점거에 의해 실질상의 지권(地權)을 확보할 수 있다면, 굳이 위험을 무릅쓰고 공연한 토지침범을 실행할 필요가 있을까. 밀렵에 의해 은밀히 목적을 달성할 수 있다면, 장작 땔감, 물고기, 사냥감에 대한 권리를 공개적으로 표면화하여 청원할 필요도 없을 것이다.[20]

스콧은 이 '저류정치'를 '불복종의 실천', '일상형의 저항'이라고도 표현하고 있다. 이러한 저항은 역사적인 기록에는 남아 있지 않더라도 종종 역사상의 사건에 결정적 영향을 미쳐 왔다. 스콧에 의하면 "미국 남북전쟁에서 남부연합의 패배가 불복종과 탈주의 방대한 축적에 의해 야

20 James C. Scott, *Two Cheers for Anarchism: Six Easy Pieces on Anatomy, Dignity, and Meaningful Work and Play*, Princeton: Princeton University Press, 2012, p. xx(清水展·日下渉·中溝和弥訳, 『実践 日々のアナキズム—世界に抗う土着の秩序の作り方』, 岩波書店, 2017, p. xviii).

기된 점은 거의 틀림없다"[21]고 말한다.

즉 불복종이나 도망은 말하자면 '약자의 무기'인 것이다. 단, 도망은 어디까지나 반란에 대한 '리스크가 낮은 대체 방책'인 것이며 선택지의 하나에 불과하다. 역사 속에서는 "그것들이 효과적으로 작용하지 않게 되었을 때, 폭동, 모반, 반란 등 보다 결사적인 몸부림의 공공연한 투쟁이 발생"[22]하였던 것이었다.

이와 같은 '약자의 무기'로서 '일상형의 저항'에 관한 스콧의 분석은 현대 자본주의 사회에도 그대로 적용된다. 마이클 하트와 안토니오 네그리는 2009년의 공저『코먼웰스』에서 다음과 같이 서술하고 있다.

> 생정치(生政治)적 문맥에서는 계급투쟁은 탈출(exodus)의 형태를 취한다. (중략) 여기서 탈출이라는 것은—적어도 당초의 의도로서는—노동력의 잠세적(潛勢的)인 자율성을 실현함으로써 자본과의 관계로부터 신체를 떼어놓는 것을 의미한다. 따라서 탈출이란 생정치적 노동력의 생산성을 거부하는 일이 아니라, 자본이 그 생산능력에 씌우는 속박, 증대해 가는 그 속박을 거부하는 일이다. 그것은 자본과의 관계를 뛰어넘는 생산능력을 표현하는 것으로서, 자본의 사회적 관계의 개구부(開口部)를 빠져나가 입구를 돌파함으로써 달성된다.[23]

---

21 같은 책, pp. 8~9(p. 10).
22 같은 책, p. 12(p. 14).
23 Michael Hard and Antonio Negri, *Commonwealth*, Cambridge, MA: Harvard University Press, 2009, p. 152(水島一憲監訳, 幾島幸子·古賀祥子訳,『コモンウェルス—<帝国>を超

'생정치'(bio-politics)란 권력에 의한 감시와 관리가 개개인의 내면으로까지 침투하여, 지배적 질서가 자발적 복종에 의해 떠받쳐지고 있는 상태를 가리키는 용어이다. 결코 이해하기 쉬운 표현은 아니지만, 생산능력의 담당자로서 노동자가 자본주의적 질서로부터 '탈출'하는 일에, 투쟁으로서의 커다란 의미가 부여되고 있는 점은 분명할 것이다. 여기서 '탈출'이라고 번역되어 있는 원어 '엑소더스'(exodus)는 『구약성서』의 「출애굽기」를 나타내는 말이기도 하다. 자본주의적 속박으로부터 도망치는 것. 도망치기 위한 계급투쟁. 그것은 구체적으로 다음의 사태를 의미한다.

> 가슴에 새겨 두어야 할 것은, 커다란 파괴력을 갖는 무기가 반드시 승리하는 것은 아니라는 점이다. 오히려 오늘날에는 '비무장의 멀티튜드(multitude, 多衆)' 쪽이 무장집단보다 훨씬 실효성이 있으며, 탈출 쪽이 정면공격보다 강력할 가능성이 높아지고 있다고 우리는 본다. 이 문맥에서 말하는 탈출이란 많은 경우 방해행위(sabotage)나 공동작업으로부터의 이탈, 다양한 대항문화의 실천, 전반화된 불복종 등의 모습을 취한다.[24]

스콧의 분석과의 유사성은 명백할 것이다. '탈출'이란 '일상형의 저항'의 총칭으로서, 반란과 같은 리스크가 큰 '정면공격'을 피하면서, 실효

える革命論』(上·下), NHKブックス, 2012, 上, pp. 244~245).

24 같은 책, p. 368(下, pp. 263~264).

적인 타격을 지속적으로 가하는 행위인 것이나. 사보타주하는 것, 함께 일을 하지 않는 것, 불복종. 하트와 네그리가 주장하는 것은 '다양한 대항문화의 실천'까지도 '탈출'에 포함되어 있다는 것이다.

다시 한번 스콧이 들고 있는 '저류정치'의 구체적 예를 소개하고자 한다. 그것은 '질질 끄는 작업, 밀렵, 좀도둑, 시치미, 농땡이, 도피, 상습결근, 불법점거, 도산(逃散) 등의 행위'였다. 거기에 하트와 네그리가 언급한 '탈출'의 구체적 예를 비교해 보자. '방해행위나 공동작업으로부터의 이탈, 다양한 대항문화의 실천, 전반화된 불복종'.

우리에게 밀렵이나 불법점거를 할 기회가 있을지 어떨지 모르겠으나, 질질 끄는 작업, 시치미, 농땡이, 상습결근, 불복종 등의 행위라면 지금 당장이라도 가능할 것처럼 느껴진다. 이것이 현재 가장 비근하고 현실적인 자본주의로부터의 '탈출' 방법이며, 하트와 네그리에 의한다면 노동자에 의한 '계급투쟁'의 한 형태인 것이다.

3. 부채와 노예제—그레이버

스콧이 대상으로 삼은 것은 국가적 지배나 노예제로부터 도망친 사람들의 2000년에 걸친 '무정부적인 역사'였다. 이에 대해 인류사에서의 '화폐와 폭력의 5000년' 속에서 노예제의 의미를 재검토한 것이 역시 미국의 인류학자인 데이비드 그레이버(David Graeber)의 대작 『부채론』(2011)이었다.

'화폐와 폭력의 5000년'이라는 일본어 역서의 부제가 나타내듯이 이 책의 주제의 하나는 화폐와 교환을 둘러싼 문명사를 재검토하는 일이다. 이 책의 모두에서 일찌감치 그레이버는 인류학적 고찰에 입각하여, 스미스의 『국부론』 이후의 경제학 교과서적인 상식을 뒤집는다. "물물교환을 발견한 자는 어디에도 없다"고 지적하는 것이다. 그는 케임브리지 대학의 캐롤라인 험프리의 논문으로부터 다음과 같은 '결론'을 인용하고 있다.

> 물물교환 경제에 관해서 순수하고 단순한 사례가 기술된 적은 없다. 물물교환으로부터의 화폐 발생에 관해서는 더욱 그러하다. 입수 가능한 모든 민족지(民族誌)가 그런 것들은 존재하지 않았다는 점을 나타내고 있다.[25]

요컨대 경제학의 입문적 교과서에 기술되어 있듯이, 먼저 잉여생산물의 물물교환이 이루어지고, 그 후에 교환을 위한 편리한 수단으로서 화폐가 발견되거나 혹은 특정한 재화가 화폐로 선택되며, 더 나아가 점차 신용경제 시스템이 발전하였다고 하는 '스토리'는 공상의 산물이라는 것

---

25 Caroline Humphrey, "Barter and Economic Disintegration," *Man*, New Series, vol. 20, no. 1, 1985, p. 48.

이다. 그레이버는 이렇게 주장을 이어간다.

> 사태의 진행은 완전히 역방향이었던 것이다. 우리가 현재 가상화폐라고 부르는 것이야말로 최초로 등장한 것이었다. 경화(硬貨)의 출현은 그보다도 훨씬 뒤의 일로서, 그 사용은 불균등하게만 확대하였으며 신용 시스템을 완전히 대신할 정도까지는 이르지 못하였다. 그에 대해 물물교환은 경화 혹은 지폐의 사용에 따른 우연의 파생물로서 출현한 것으로 보인다. 역사적으로 보면 물물교환은 현금거래에 익숙한 사람들이 그 어떤 이유로 통화 부족에 직면하였을 때 실천한 것이었다.[26]

그렇다면 최초로 출현하였다는 '가상화폐'(virtual money)란 무엇을 가리키는가. 그레이버에 의하면 그것은 '추상적인 척도 단위'를 말한다. 그리고 그것은 실제 교환을 위한 다양한 '대용화폐'(token)의 사용에 앞서, 그보다 훨씬 이전 시대에 출현하였다고 한다. 그러나 그렇다면 척도 단위로서의 화폐는 무엇의 척도였다는 말인가.

> 거기서 다음 질문은 당연히 이하와 같이 된다. 화폐가 척도에 불과하다면 그것은 무엇을 측정하는 것인가? 답은 단순하다. 부채이다. 한 장의 경화란 실질적으로 차용증서(IOU)인 것이다.[27]

---

26 David Graeber, *Debt: The First 5,000 Years*, New York: Melville House, 2011, p. 40(酒井隆史監訳,『負債論—貨幣と暴力の5000年』, 以文社, 2016, p. 63).
27 같은 책, p. 46(p. 70).

그레이버의 주장을 다른 식으로 표현하자면 다음과 같다. 즉, 문명사의 시초에 존재하였던 것은 부채를 짊어지거나 혹은 부채를 돌려준다고 하는 인간관계의 상태이며, 그 부채를 양적으로 계산할 필요에서 발생한 것이 화폐인 것이다. 부채의 역사가 화폐의 역사인 것이다. 더 나아가 부채와 밀접히 연결되어 있는 것이 노예제인 것이다. 이와 관련해 그레이버는 덴마크의 탐험가이자 인류학자이기도 한 피터 프로이헨(Peter Freuchen)이 그린란드의 수렵민족 이누이트 사회에서 경험한 에피소드를 소개하고 있다.

> 어느 날 바다코끼리 사냥이 제대로 안되어 공복으로 집에 돌아왔을 때, 사냥에 성공한 사람 한 명이 수백 파운드의 고기를 가지고 온 것에 대해서 프로이헨은 말하고 있다. 그는 몇 번이나 고마움을 표시하였는데, 그 남자는 분연히 항의하였다./그 사냥꾼은 말하였다. "이 나라에서 우리는 인간이다." "그리고 인간이기 때문에 우리는 서로 돕는 것이다. 그것에 대해 감사의 마음을 전해 받는 것은 좋아하지 않는다. 오늘 내가 얻은 것을 내일은 당신이 얻을지도 모른다. 이 땅에서 우리가 흔히 말하는 것은, 증여는 노예를 만들고, 채찍이 개(犬)를 만든다는 것이다."[28]

증여가 노예를 만든다. 이는 과연 무엇을 의미하는가. 여기서 이누이트의 말을 '증여'(gift)라고 번역한 것은 프로이헨이라고 생각되는데, 그레

---

28 같은 책, p. 79(p. 119).

이버는 그것이야말로 '부채', 즉 '대차'(貸借)관계라고 이해하고 있다. 이누이트가 비판하고 거절한 것은, 바다코끼리 고기를 받음으로써 '은의(恩義)를 느끼는' 것, '신세를 지게 된 부담을 느끼는' 것, 그리고 '부채'를 돌려주지 않으면 안된다고 생각하는 일이다.

답례를 표시하는 것을 거부하는 사회, 부채를 짊어지는 것을 기피하는 사회에 대해서 그레이버는 다음과 같은 설명을 덧붙이고 있다.

> 이와 비슷한 빌려주고 빌리는(대차) 계산의 거절은 평등주의적인 수렵사회에 관한 인류학 문헌 전반에서 발견된다. 수렵민은 경제적 계산능력 때문에 스스로를 인간으로 생각하는 대신, 그러한 타산의 거절, 누가 무엇을 누구에게 주었는지 계산하거나 기억하는 일을 거부함으로써 진정으로 인간다움의 증표가 있다고 주장하였다. 그것(대차계산)을 해버리면 '힘과 힘을 비교하고 측정하고 계산하는 것'을 시작하게 되는 세계, 부채를 통해서 서로를 노예 혹은 개(犬)로 환원하기 시작하는 세계를 형성하고 만다. 바로 그러한 이유 때문에 그렇다.[29]

이와 같은 '평등주의적 수렵사회'는 다행히도 아직 그 일부가 지구상에 존재하고 있어 그것이 인류학자의 고찰 대상이 되고 있다.[30] 그러나 그 이외의 압도적 다수의 사회는 증여에 대해서 답례로 응하고 서로

---

29 같은 책, p. 79(p. 119).

30 이누이트 사회에 관한 좀 더 깊이 파고든 인류학적 연구 현황에 대해서는, 植村邦彦, 「贈与と分かち合い―グレーバー『負債論』をめぐて」, 『情況』 冬号(第5期 2巻 第1号), 情況出版, 2019를 참조하기 바란다.

부담감을 느끼면서, 부채를 짊어지고 그리고 부채를 상환하는 인간들의 사회로 되었다. 즉, 노예를 만드는 사회이다. 그리고 그것이 소위 '문명 사회'인 것이다.

그렇다면 당초에 왜 부채가 노예를 만드는가. 그레이버는 부채가 실은 하나의 '교환 시스템'이라는 점을 다음과 같이 설명하고 있다.

> 누군가로부터 은혜를 입는(상대방으로부터 친절을 받는) 일과 부채를 지는 일의 차이는, 부채의 경우에는 그 양이 엄밀하게 계산되고 있다는 점에 있다. 계산은 등가성을 요청한다. 그리고 그러한 등가성—특히 인간 사이의 등가성을 포함할 때(즉 인간은 항상 궁극적 가치이기 때문에 출발점은 항상 인간 사이의 등가성 설정이었으리라 생각된다)—이 나타나는 것은, 사람들이 스스로의 문맥으로부터 강제로 분리되어, 무언가와 동등한 것인 양 취급될 때뿐인 것이다. 예컨대 '포로가 된 형제를 돌려주는 대신에 7장의 바위제비의 가죽과 12개의 커다란 은반지', '150부셸(bushel)의 곡물을 빌려주는 담보로써 3명의 딸 중 한 명'(…), 등의 방식으로.[31]

이 '인간 사이의 등가성 설정'에 입각한 교환을 관철하는 논리가 노예를 낳게 된다. 왜냐하면 노예란 물건처럼 매매되는 인간을 말하기 때문이다. 그러나 더욱 중요한 것은, 왜 인간을 매매할 수 있게 되었는가라는 그 사상적 근거를 묻는 일이다. 여기에서도 역시 '문맥'으로부터의

---

31 David Graeber, *Debt: The First 5,000 Years*, p. 386(酒井隆史監訳, 『負債論』, p. 570).

분리가 결정적인 계기가 된다.

> 인간경제에서 무엇인가를 팔 수 있게 만들기 위해서는 우선 그것을 문맥으로부터 분리할 필요가 있는 것이다. 노예란 바로 그런 것이다. 즉, 노예란 자신을 키워 준 공동체로부터 박탈된 사람들을 가리킨다.[32]

문맥으로부터 분리된 인간. 가족으로부터도 공동체로부터도 분리되어, 고향과는 다른 장소에서 다른 공동체 속에 던져져서 그 안의 누구와도 관계가 없는 '이방인'으로서 취급되는 인간. 그것이 '노예'이다. 바로 그러한 존재이기 때문에, 노예를 획득한 측 공동체의 구성원 입장에서는, 그 인간을 물건처럼 매매하고 경우에 따라서는 상처를 입히거나 살해하는 일조차도 가능하였던 것이다.

그렇게 인간을 물건으로 취급하는 경험이 축적됨으로써 이윽고 임노동이 발생하기에 이른다. "임노동의 기원은 역사상 광범위에 걸친 노예제이다."[33] 그러나 노예제가 어떤 식으로 임노동을 준비한 것일까.

지금까지 보아 왔듯이 자유주의 이데올로기에 의하면, '자유로운 노동자'란 노동력이라는 상품의 소지자로서, 자기의 자유로운 의지에 입각하여 자신의 노동력 사용을 '제한된 시간 속에서' 자본가에게 판매하고

32 같은 책, p. 146(p. 222).
33 같은 책, p. 423(p. 702).

양도하는 자유인을 말하였다. 그레이버가 문제로 삼는 것은 그와 같은 의제(擬制)의 성립 근거이다. 그는 이렇게 말한다.

> 우리가 우리 자신을 소유한다는 것은, 기묘하게도 우리 자신에게 주인과 노예의 역할을 동시에 할당하는 것을 의미한다. '우리'는 (재산에 대해 절대적 권능을 행사하는) 소유자임과 동시에, (절대적 권능의 대상인) 소유되는 사물이기도 하다. 고대 로마의 세대(世帶)는 역사의 안개 속에 망각되기는커녕 우리 자신에 관한 가장 기본적인 개념 속에 보존되어 있다.[34]

고대 로마의 '세대'란 고대 그리스의 '집'과 거의 같은 것으로 생각하면 좋을 것이다. 「서문」에서 아리스토텔레스의 언설에 입각해 보았듯이, 고대 지중해 세계의 경제적 생활 단위인 '집'은 좁은 의미에서의 가족(혈연관계 집단)만이 아니라 '자유인과 노예', '주인과 노예'의 관계를 포함하는 것이었다.

그레이버가 지적하는 것은, '자유'로운 임금노동자란 주인임과 동시에 노예이기도 한 인간, 자기자신이 주인과 노예로 이중화되어 버린 인간을 말한다. 주인으로서의 나는 노예의 소유자로서 내가 소유하는 노예를 자본가에게 매도한다. 자본가에게 매도된 노동력으로서의 나는 그야말로 노예로서 자본가의 지휘명령하에 노동에 종사한다. 계약을 맺는

34 같은 책, p. 207(p. 312).

것은 주인이지만, 일하는 것은 노예이다. 자기자신을 물건으로 간주함으로써 성립하는 이와 같은 도착된 논리가 자본주의적 생산양식을 떠받치고 있는 것이다.

그레이버가 보기에 이것이야말로 '자본주의의 숨겨진 스캔들'이었다. 그는 이렇게 말을 이어간다.

> 즉 자본주의는 어떠한 시점에서도 '자유로운 노동'을 둘러싸고 조직된 적은 없었던 것이다. 남북아메리카 대륙의 정복은 대규모 노예화와 함께 시작하여 그 후 서서히 부채 징역, 아프리카인에 의한 노예제, '연계봉공제'(年季奉公制) 등 다양한 형태로 자리를 잡아갔다. '연계봉공제'란 선대금을 받은 후에 반환을 위해 5년, 7년 혹은 10년 등 일정 기간 구속되는 노동자의 계약노동을 사용하는 것을 말한다.[35]

그와 같은 다양한 형태의 노예제가 계속된 후에, 자기가 자기의 판매자가 되는 임금노동제도가 확립한 것이다.

이처럼 자본주의가 실은 노예제에 의해 떠받쳐지고 있다는 것이 그레이버가 밝힌 '자본주의의 숨겨진 스캔들'인데, 그는 그것과는 별도로 또 하나의 '자본주의의 스캔들'도 폭로하고 있다. 그것이 코뮤니즘이다. 즉, 자본주의는 실은 코뮤니즘에 의해 떠받쳐지고 있다는 점이다.

---

35 같은 책, p. 350(pp. 516~517).

그레이버가 '코뮤니즘'이라고 부르는 것은 "'각자는 그 능력에 따라서 〈공헌하고〉, 각자에게는 그 필요에 따라서 〈분배된다〉'는 원리에 입각하여 기능하는 일체의 인간관계"[36]를 뜻한다. 그것은 마르크스가 구상한 바와 같은 국민적 규모의 사회체제를 의미하는 것이 아니다. 그레이버는 이렇게 설명하고 있다.

> 실은 '코뮤니즘'은 마술적 유토피아와 같은 것이 아니며, 생산수단의 소유와도 아무런 관계가 없다. 그것은 지금 현재 속에 존재하고 있는 무언가이며, 정도의 차는 있을지언정 모든 인간사회에 존재하는 것이다. 다만 이제까지 모든 일들이 그러한 '코뮤니즘적' 방식으로 조직된 적은 없으며, 어떻게 그것이 가능한지도 상상하기가 어렵다. 그러나 우리는 모두 상당히 많은 시간을 코뮤니스트처럼 행동하면서 살고 있다. 그렇지만 일관되게 코뮤니스트처럼만 행동하는 자는 없다. 이 단일의 원리에 의해 조직된 하나의 사회라는 의미에서의 '코뮤니즘 사회'가 존재하는 일은 결코 있을 수 없다. 그러나 모든 사회 시스템은, 자본주의와 같은 경제 시스템조차도 현실로 존재하는 코뮤니즘의 기반 위에 구축되어 있는 것이다.[37]

요컨대 그레이버가 말하는 '코뮤니즘'이란 복수의 인간이 협동할 때 작용하고 있는 원리를 가리키는 것이다. 그가 들고 있는 예로서 말한다

36 같은 책, p. 94(p. 142).
37 같은 책, p. 95(p. 143).

면, 수도를 수리하고 있는 누군가가 "스패너를 건네주겠어"라고 의뢰할 때, 그 동료가 "그 대신에 무엇을 줄 거야" 등으로 응답하는 일은 없다. 즉 증여나 부채, 교환이나 노예제의 대극에 위치하는 인간관계의 원리야말로 '코뮤니즘'인 것이다.

> 진지하게 무엇인가를 달성하려고 생각하고 있다면, 가장 효율적인 방법은 명백히 능력에 따라 임무를 분배하고, 그것을 수행하기 위해 필요한 것을 서로 나누어 갖는 것이다. 대부분의 자본주의 기업이 그 내부에서는 코뮤니즘적으로 조업하고 있다는 사실이야말로 자본주의의 스캔들의 하나라고까지 말할 수 있다.[38]

이러한 협동의 원리를 그레이버는 '기반적 코뮤니즘'(baseline communism)[39]이라고도 부르고 있다. 그것이 없다면 애당초 인간의 '사회' 자체가 성립하지 않기 때문이다. 그러나 그렇다고 한다면 그것은 우리에게 무엇을 의미하는 것일까.

다시 한번 확인해 두자. 그레이버에 의하면 자본주의는 노예제에 떠받쳐지고 있음과 동시에 코뮤니즘에도 떠받쳐지고 있다. 그것이 이중의 의미에서 '자본주의의 스캔들'이었다. 우리는 자기자신의 노동력의 소유자로서, 노예의 주인으로서 자기의 노예를 자본가에게, 기업에게 매도한

---

38 같은 책, p. 96(p. 144).
39 같은 책, p. 98(p. 146).

다. 그리고 자본가 밑에서, 기업 속에서 노예로서 노동한다. 그러나 직장 안에서 우리는 '코뮤니즘적으로' 협동하고 있다. 직장에서도 가정에서도 지역에서도 동료나 가족이나 친구들과의 관계 속에서 우리는 '코뮤니즘적으로' 행동하고 있다. 이 이중성이 우리의 미래를 생각할 때 하나의 열쇠가 될 것이다.

그레이버는 16세기의 영국이나 독일에서 발발한 농민전쟁의 시대를 되돌아보면서 다음과 같이 말하고 있었다.

> 농민들이 구상한 코뮤니즘적 동포애는 어디서부터인지 모르게 발생한 것이 아니다. 그것은 공유지나 공유림의 유지, 매일의 협동작업, 이웃끼리의 연대 등 현실의 일상적 경험에 뿌리를 두고 있었다. 위대한 신화적 구상은, 항상 이러한 일상적 코뮤니즘의 소박한 경험으로부터 구축된다. 말할 필요도 없이 농촌공동체도 또한 분단되며, 장소를 둘러싸고 서로 분쟁한다. 공동체란 항상 그러한 것이다. 그러나 그것이 공동체인 이상, 필연적으로 상호 부조에 입각하여 성립하고 있다.[40]

현대의 자본주의적 기업 내부에서의 '노예들의 코뮤니즘'도 이 '코뮤니즘적 동포애'를 키울 것인가. 직장이나 지역에서의 '일상적 코뮤니즘'(everyday communism)의 소박한 경험은, 우리들이 '상호 부조'에 입각한 공동체의 형성으로 향하는 것을 가능하게 해줄 것인가.

---

40 같은 책, p. 326(p. 482).

4. 자본주의의 종언의 시대를 살아가다

현재 우리가 살고 있는 사회는 자본주의 사회이다. 그 속에서 우리들 대부분은 임금노동자로서 생활하고 있다. 우리는 노동력을 매도함으로써 얻어지는 임금에 의존하여 생활하고 있는데, 자본주의라는 경제시스템도 또한 우리의 노동을 착취하는 한편, 우리가 받는 임금으로 이루어진 구매력(개인적 소비)에도 의존하면서 존속하고 있다. 적어도 지금까지는 그런 식으로 존속해 왔다.

그러나 과도한 신자유주의적 반혁명과 막다른 골목에 선 글로벌화에 의해 많은 자본주의 국가에서는 소득과 자산의 불평등(경제격차)이 확대됨과 더불어 노동자의 구매력(유효수요)의 냉각에 직면하게 되었다. '자본주의적 생산양식의 모순'이 다시금 불거지게 된 것이다. 마르크스는 『자본론』 제1권 간행 후, 1868년에서 1870년에 걸쳐서 쓴 『자본론』 제2부를 위한 제2 초고에 다음과 같은 문장을 남기고 있다.

> 자본주의적 생산양식에서의 모순. 노동자는 상품의 구매자로서 시장에 중요하다. 그러나 그의 상품—노동력—의 판매자로서는 그 가격을 최저한으로 제한하는 경향이 있다. 또 하나의 모순. 자본주의적 생산이 그 모든 잠세력(潛勢力)을 발휘하는 시대는, 어김없이 과잉생산의 시대로 나타난다. 왜냐하면 생산의 잠세력은, 그것에 의해 잉여가치가 단지 생산될 뿐만 아니라, 실현도 될 경우에 한해서만 충용되어야 할 것이지만, 그러나 상품의 판매, 상품자본의 실현,

> 따라서 또한 잉여가치의 실현은, 사회의 소비욕망에 의해 한계를 구획되어지는 것이 아니라, 그 대다수의 성원이 항상 가난하며 또 계속 가난할 수밖에 없는 사회의 소비욕망에 의해 한계가 구획지어지기 때문이다.[41]

이 단장(斷章)은 마르크스 사후 1885년에 엥겔스가 편집하여 출판한 『자본론』 제2권에 '주'(注)로 삽입되어 있다. 단, 현행판의 문장에는 엥겔스의 수정이 더해지고 있으며, 더욱이 엥겔스가 초고를 오독함으로써 의미가 역전되어 있는 부분이 있기 때문에, 여기에서는 마르크스의 초고에 근거하여 번역을 하였다. 여기서 마르크스가 말하고 있는 것은, 자본주의는 노동자의 착취에 입각한 생산양식이기 때문에, 사회의 대다수를 차지하는 노동자의 구매력(유효수요)에 대해서 항상 '과잉생산'에 빠질 수밖에 없다는 점이다. 생산된 상품이 팔리지 않고 잉여가치가 실현되지 않으면, 다시 말해 이윤이 획득되지 않는다면 자본주의는 존립할 수 없게 된다. 그것이 자본주의적 생산양식이 가지고 있는 기본적 '모순'이라는 것이다.

1980년대에 시작된 신자유주의적 반혁명은, 반혁명에 성공을 하였기 때문에, 이 '자본주의적 생산양식의 모순'을 격화시키게 되었다. 자본주의의 위기가 시작한다, 그리고 자본주의의 위기는 '자유로운 노동자'의 위기이기도 하다고 지적한 것이 그레이버였다.

---

41 Karl Marx, Das Kapital (Ökonomisches Manuscript 1868-1870), Zweites Buch (Manuscript Ⅱ), in: *MEGA*, Ⅱ/11, Berlin: Akademie, 2008, S. 308.

그레이버에 의하면 신자유주의하에서의 '새로운 분업체제'에서는, "모든 노동자가 자유로운 임노동자로 되는 것조차 실현 가능성이 희박한 것처럼 보인다." 즉 보통의 노동자에게 "집이나 주차장을 소유하고 아이들을 대학에 보내는 등의 생활을 부여하는 일"이 더 이상 불가능해졌다는 것이다. 그것을 그레이버는 '포섭의 위기'(a crisis of inclusion)라 부르고 있다.[42]

그러한 위기를 일으킨 것이, "이제는 만인이 부채를 떠안고 있다는 사실"[43]이다. 즉 수입이 감소한 노동자가 현재와 같은 생활을 유지하기 위해서는, 크레딧(credit)이나 론(loan)이나 장학금과 같은 이름의 '부채=빚'에 의존할 수밖에 없다는 사실이다. 그레이버는 다음과 같이 덧붙이고 있다. "이 세계에서 '빚을 갚는 일'은 모럴 그 자체로 정의된다. 단지 많은 사람들이 그것에 실패하기 때문이라 하더라도."[44]

자본주의의 '위기'는 자본주의의 '종언의 시작'이기도 하다. 이미 많은 사람들이 '자본주의의 종언'에 대해 언급하기 시작하였다. 세계시스템론의 주창자로서 알려져 있는 미국의 사회학자 이매뉴얼 월러스틴은 2013년에 출판한 편저 『자본주의에 미래는 있는가?』 속에서 지금까지 500년간 계속되어 온 "근대세계시스템"은 "이제 종언을 맞이하였다"[45]고

---

42 David Graeber, *Debt: The First 5,000 Years*, p. 375(酒井隆史監訳, 『負債論』, p. 554).
43 같은 책, p. 379(p. 560).
44 같은 책, p. 377(p. 557).
45 Immanuel Wallerstein, "Structural Crisis, or Why Capitalist May No Longer Find

단언하기에 이르렀다. 그는 다음과 같이 결론을 맺고 있다.

> 요컨대 우리가 살고 있는 근대세계시스템은, 공정함으로부터 너무나 멀어졌기 때문에 존속해 나갈 수 없으며, 더 이상 자본가가 자본을 한없이 축적하는 것을 허용하지 않는 것이다. 하층 계급도 더 이상 역사가 자기들 편을 들어 자기의 자식들이 필연적으로 세계를 상속하게 될 것이라고는 믿고 있지 않다. 그 결과 우리는 후계 시스템을 둘러싼 쟁투라는 구조적 위기 속에 살고 있다. 그 결과는 전망할 수 없으나, 앞으로 수십 년 내에 승부의 결착이 나서, 꽤 안정된 새로운 세계 시스템(혹은 복수의 세계 시스템들)이 확립된다고 확신해도 좋을 것이다. 우리에게 할 수 있는 일은, 역사적 선택지를 분석하여 바람직한 결과에 대해 도덕적 선택을 하고, 거기에 이르기 위한 최선의 정치적 전술을 평가하는 일이다.[46]

월러스틴이 '앞으로 수십 년 내에' 확립하게 될 '안정된 새로운 세계 시스템'에 기대를 걸고 있는 데 비해, 오히려 자본주의의 '구조적 위기'가 보다 장기간에 걸쳐 지속된다는 어두운 미래상을 그리고 있는 학자가 독일의 사회경제학자 볼프강 슈트렉이다. 그는 2016년의 저서 『자본주의는 어떻게 종언을 고하는가』(한국어판 제목은 『조종이 울린다—자본주의라는 난파선에 관하여—』, 여문책, 2018년-역자)에서 구체적 예를 들면서 자본주

Capitalism Rewarding," in: Immanuel Wallerstein et al., *Does Capitalism Have A Future?*, Oxford: Oxford University Press, 2013, p. 11.

46 같은 책, p. 35.

의의 '위기적 상황'에 관해 상세히 논하고 있다.

자본주의가 '위기적 상황에 있다'는 징후는 슈트렉에 의하면, 첫째로 주요 자본주의 국가들의 경제성장률이 끊임없이 저하하고 있는 점, 둘째로 국가채무와 일반세대의 채무, 기업채무 모두 금융채무액이 증가하고 있는 점, 셋째로 소득과 자산의 양면에서 경제격차가 확대하고 있는 점이다.[47] 그는 나아가 자본주의의 발전이 "이제까지 자본주의 그 자체에 제한을 가하여 안정을 도모해 왔던 모든 장치를 파괴해 버렸다"[48]는 사실을 지적하고 있다. 사회보장제도의 감축, 노동조합의 해체, 사회주의나 사회민주주의 제(諸) 정당의 약체화, 즉 여태껏 자본주의적 착취의 강화에 대한 브레이크 장치의 역할을 맡아 온 여러 제도의 파괴이다.

이와 같은 사실에 근거하여 슈트렉은 다음과 같은 가까운 미래에 대한 전망을 끄집어내었다.

> 현재의 자본주의 시스템은 적어도 5가지 증상—저조한 경제성장, 올리가키(Oligarchy, 소수 독재체제), 공공 영역의 궁핍화(사회복지 예산의 삭감과 민영화), 부패(거대기업의 위법·탈법 행위), 그리고 국제적인 무질서화—에 고통받고 있으며, 그들 증상을 치료할 구체적 방법은 발견되지 않는다. 자본주의의

47 Wolfgang Streeck, *How Will Capitalism End?*, London & New York: Verso, 2016, p. 47(村澤真保呂·信友建志訳, 『資本主義はどう終わるのか』, 河出書房新社, 2017, pp. 67~68).

48 같은 책, pp. 57~58(p. 81).

> 최근까지 역사를 뒤돌아보면, 앞으로 자본주의는 장기에 걸쳐서 고통스럽게 쇠퇴해 가리라고 예측된다. 금후 더욱더 충돌과 불안정화, 불확실화가 확대되고, '정상적인 엑시던트'가 꾸준히 되풀이될 것이다. 그로부터 반드시 1930년대에 필적하는 대붕괴가 일어날 것이라고는 말할 수 없으나, 그렇게 될 가능성은 매우 높을 것이다.[49]

여기서 슈트렉이 언급하고 있는 '정상적인 엑시던트'(normal accidents)라는 것은, 1979년의 스리마일섬 원자력발전소 사고에 대응하여 사회학자 찰스 페로가 사용한 용어로서, 항공기 사고나 원전 사고와 같이 사소한 조작 실수가 상정(想定) 밖의 기능부전의 복합적 상호 작용을 연쇄적으로 일으켜 불가피하게 중대한 결과에 이른다는, 기술 시스템의 복잡함 자체에 기인하는 사고를 말한다.[50] 슈트렉이 이 용어를 사용한 것은 아마도 2011년 3월 11일의 후쿠시마 제1 원자력발전소의 사고와 그 후의 지지부진한 폐로(廢爐) 과정을 염두에 두고 나온 것이리라.

그에 못지않게 심각한 것은 이와 같은 자본주의의 '불안정화, 불확실화'라는 위기적 상황이 노동자의 의식에 미치는 영향이다. 슈트렉은 다음과 같이 지적하고 있다.

---

49 같은 책, p. 72(p. 104).

50 Charles Perrow, *Normal Accidents: Living with High-Risk Technologies*, New York: Basic Books, 1984, p. 5.

자본주의 사회의 압도적 다수의 사람들에게 경제적·기술적 재편은 자신이 직장에서 쫓겨나고 생산 과정에서 배제될 두려움을 가져오는 것이다. 그렇기 때문에 자본주의는 사람들에게, 자본주의 사회가 낳은 부와 권력이 심히 불평등하게 분배된다는 사실을 받아들이게 만들며, 또한 사회질서로서의 자본주의의 정당성을 믿도록 노력할 필요가 있다. 그 때문에 극히 복잡한 (그리고 당연하지만 임시방편의) 다양한 제도나 이데올로기를 날조하지 않으면 안된다. 불안정노동자(불안정=비정규이기 때문에 순종할 수밖에 없는 노동자)를, 노동시장과 고용의 근본적 불안정성을 눈앞에 두고서도 여전히 희희낙락 소비사회의 의무를 다하는, 충실한 소비자로 전환시키는 경우에도 같은 논리가 적용된다.[51]

과거에 포스트케인스파 경제학자 조앤 로빈슨(Joan Robinson, 1903~1983)은 『경제철학』(1962)이라는 저서에서 "자본가에게 착취되는 비참함보다도 유일하게 더 나쁜 것은 전혀 착취되지 않는 비참함이다"[52]라고 지적하였다. 즉 일자리를 잃고 생활의 양식을 잃는 '비참함'이다. 슈트렉이 말하고자 하는 것은, 실업에 대한 공포가 비정규노동자를 '순종적인 노동자=충실한 소비자'로 만든다는 점이다.

그러나 그레이버가 지적한 바와 같이, 현재의 저임금노동자는 부채=빚을 짊어지지 않고서는 '충실한 소비자'일 수도 없는 상태에 놓여 있다.

---

51 Wolfgang Streeck, *How Will Capitalism End?*, pp. 2~3(村澤真保呂·信友建志訳, 『資本主義はどう終わるのか』, p. 8).

52 Joan Robinson, *Economic Philosophy*, London: C. A. Watt, 1962, p. 45.

그것이 신자유주의에 의해 오히려 강화된 '자본주의적 생산양식의 모순'이 노동자에게 초래한 '빈곤이 계속 유지되어야 한다'라는 절실한 현실이다. 자본주의의 위기는 '은폐된 노예제'를 강화하고 있는 것이다. 슈트렉도 다음처럼 지적하고 있다.

> 현대 자본주의가 붕괴해 가고 있는 것은 그 자체에 의해, 즉 그 내적인 모순에 의해 붕괴해 가고 있다는 것으로서, 적에 의해 정복되었기 때문이 아니다. (중략) 자본주의의 적은 종종 자본주의에 새로운 형태를 수용하도록 재촉하여, 결과적으로 자본주의를 자본주의 자체로부터 구출해 왔다. 현재 진행 중인 최종적 위기를 거쳐 자본주의를 대신하는 것은, 사회주의나 그 밖의 명확한 사회질서가 아니라 긴 공백기간일 것이다. 거기에는 월러스틴류의 새로운 세계시스템의 균형은 존재하지 않으며, 사회적 혼란과 무질서가 지배하는 시대가 된다(그야말로 불안과 불확정성의 시대이다).[53]

이와 같은 '자본주의의 붕괴'를 일으킨 원인은, "자본주의가 성공하고 적을 능가하여, 자신에게 적합한 한도를 넘어서 지나치게 자본주의적으로 되어 버린 점"[54]에 있다. 자본주의는 노동자 계급의 저항을 타파하고 계급투쟁에서 완전히 승리한 결과, 스스로의 존립 근거 자체를 침식함으로써 붕괴를 시작한 것이다. 그리고 슈트렉은 이 '사회적 혼란과 무

---

53 Wolfgang Streeck, *How Will Capitalism End?*, p. 13(村澤真保呂·信友建志訳, 『資本主義はどう終わるのか』, p. 24).

54 같은 책, p. 35(p. 52).

질서가 지배하는 시대'에는 신자유주의적 이데올로기가 오히려 강화될 가능성조차 있는 것으로 주목하고 있다.

> 제도가 사회적 행위를 규정하는 것이 불가능해지면, 사회질서를 유지하는 역할은 문화에서 찾게 된다. (중략) 그리고 포스트자본주의의 공백기간에서의 포스트소셜(post social) 사회에서 사람들의 행동 프로그램을 지배하는 것은, 다음과 같은 신자유주의의 에토스(ethos)이다. 즉, 경쟁에서 이기기 위한 자기계발, 시장에 유익한 인재(human capital)의 육성, 일에 대한 정열적 헌신, 정부가 기능하지 않는 세계가 초래하는 리스크를 어이가 없을 정도로 낙관적으로 받아들이는 태도이다.[55]

자본주의 붕괴 후의 '사회적 혼란과 무질서'를 살아가기 위한 '자기계발'과 '인적 자본의 육성'. 자기자신의 생존을 위한 신자유주의적 경쟁사회. 이는 거의 디스토피아적 SF가 즐겨 묘사하는 바와 같은 악몽의 세계이다. 그러나 그것 이외에 없는 것은 물론 아니다.

'자본주의의 종언의 시작'으로부터 살아남기 위한 시도는, 현재 세계 각지에서 다양한 형태로 모색되고 있다. 예를 들어, 프리 저널리스트인 구도 리츠코(工藤律子)가 소개하고 있는 스페인의 '사회적 연대경제'도 그 하나이다. 협동조합이나 NPO, 재단, 공제조합, 나아가 페어트레이드(fair

---

55 같은 책, p. 38(p. 56).

trade, 공정무역)나 마이크로크레딧(microcredit, 무담보 소액대출) 등에 의해 구성되는 경제 시스템이다. 그것을 구도는 '고용 없이 살아가는' 생활방식이라고 명명하고 있다.

구도가 소개하고 있는 것은 카탈루냐주(州)를 중심으로 실천되고 있는 협동조합 운동인데, 상세한 점은 직접 그녀의 보고를 참조해 주기를 바란다. 개략적으로만 소개하자면 거기에서는, 예컨대 사회복지·교육 관계의 노동자협동조합 등의 "사회적 연대경제 관계의 단체를 대상으로 자금의 대출을 하는 협동조합"이 존재하고 있으며, 더욱이 그 "조합을 지원하는 금융조합을, 돈을 빌리는 측이 조합원으로 되어 구성하고 있다"[56]고 한다. 일본에도 생활협동조합은 많이 있으며, 신용금고라는 형태의 금융협동조합도 존재하지만, 노동자협동조합이나 NPO 그 자체가 조합원이 되어 구성하는 금융협동조합의 네트워크라는 경제 시스템은 우리의 미래를 생각할 때에도 시사적이다.

이와 같은 '사회적 연대경제'의 다양한 시도를 바탕으로 '자본주의의 주요 모순'을 마르크스와는 다른 모습으로 제시해 보인 것이 영국의 저널리스트 폴 메이슨의 『포스트캐피탈리즘』이었다. '우리의 미래에의 가이드'라는 부제를 갖는 이 책은, 2015년에 출판되자 이듬해에는 펭귄북스의 페이퍼백판으로 재판되어 곧바로 영어권에서 베스트셀러가 되었다.

---

56 工藤律子, 『ルポ 雇用なしで生きる ― スペイン発「もうひとつの生き方」への挑戦』, 岩波書店, 2016, pp. 135~136.

그가 묘사하는 '포스트자본주의'의 미래는 슈트렉과는 대조적으로 극히 밝다.

메이슨에 의하면 "현대자본주의에서의 주요한 모순은 재화가 무료로 사회적으로 윤택하게 만들어질 가능성과, 권력과 정보의 통제를 유지하려고 발버둥치는 독점, 은행, 정부의 시스템 사이에 존재하고 있다."[57] 그 양자의 싸움 속에서 그가 제안하는 것은 "낡은 시스템 내부에 새로운 시스템의 요소들을 작은 단위로 분자 상태로 구축하는 일"이다. "협동조합, 신용조합, P2P(peer-to-peer network), 고객 자신이 관리 운영하는 사업, 병행하는 서브컬처(subculture) 경제 속에는 그들 요소들이 이미 존재하고 있기" 때문이다.[58]

그와 같은 이미 존재하는 '요소들'을 조직적인 프로젝트로 육성할 것. 그것이 메이슨의 제안이다. 그가 '새로운 시스템'으로 연결되는 프로젝트 사례로서 들고 있는 것은, 주로 인터넷과 관련한 '위키피디아, 오픈소스(소스 코드의 자유 이용), 공개정보 기준, 저탄소 에너지 설비'[59] 등이다. 그 안에서 그가 구상하고 있는 것은 '정보경제'의 비영리적 전개라고 할 수 있을 것이다.

---

57 Paul Mason, *Postcapitalism: A Guide to Our Future*, London: Penguin Books, 2016, p. 144(佐々とも訳,『ポストキャピタリズム—資本主義以後の世界』, 東洋経済新報社, 2017, p. 248).

58 같은 책, p. 244(p. 397).

59 같은 책, p. 265(p. 431).

그러나 그것만이 아니다. 메이슨이 또 하나 강조하는 것이 '협동형'(collaborative)의 비즈니스 모델로의 전환이다. 그가 이행기의 과도적인 예로서 들고 있는 것이 스페인의 '몬드라곤 협동조합'(Mondragon Corporation Cooperative)이며, 그것을 성공 사례로 간주하는 이유는 노동자 협동조합이 "현지 저축은행의 지원을 받고 있는"[60] 점에 있다. 즉, 메이슨이 상정하고 있는 것 또한, 구도가 소개한 '사회적 연대경제'와 동일한 노동과 금융의 협동조합적 네트워크로부터 이루어진 경제 시스템인 것이다.

메이슨은 "몬드라곤 협동조합은 포스트자본주의의 이상향(paradise)은 아니다"라고 설명하면서도 다음과 같이 말하고 있다.

> 네트워크를 기반으로 하는 이행에서 협동형 비즈니스 모델은 우리가 촉진할 수 있는 가장 중요한 것이다. 이것 또한 그러나 더욱 진화하지 않으면 안된다. 협동형 비즈니스 모델이 비영리 비즈니스가 되기에는 아직 충분하다고는 말할 수 없기 때문이다. 협동조합의 포스트자본주의적 형태는 그 출발점인 시장적 활동의 기반에 반대하며, 비시장의, 비관리의, 비화폐 기반의 활동을 확대하려 할 것이다. (중략) 우리에게 필요한 것은, 그 법적 형태가 진정한 협동형의 생산이나 소비에 의해 지탱되고 있는 협동조합으로서, 그 사회적 결과는 명확하다.[61]

60 같은 책, p. 275(p. 448).
61 같은 책, p. 276(p. 448).

슈트렉이 그리는 '신자유주의적 경쟁사회'라는 어두운 미래인가, 아니면 메이슨이 구상하는 '협동조합 네트워크 사회'라는 밝은 미래인가. 자본주의 종언의 시대를 살아가는 우리 앞에 있는 것은, 그러한 두 가지 가능성 중 어느 쪽으로 나아갈지를 우리 자신이 선택해야 하는 분기점인 것이다.

종장

우리에게는 스스로를 해방할 절대적 권리가 있다

노예에게는 스스로를 해방할 절대적인 권리가 있다. 그것이 헤겔의 확신이었다. 단, 그는 한정된 일정한 시간 동안 자신의 노동력을 양도하는 '자유로운 노동자'에게는 그것을 인정하지 않았다. '자유로운 노동자'는 이미 '자유'로울 터이기 때문이다.

그러나 마르크스가 스미스나 헤겔을 비판하면서 주장한 점은, '자유로운 노동자'는 실제로는 '자유'롭지 못하다는 것이었다. '은폐된 노예제'라는 것은, 노동자가 설령 주관적으로 자신은 '자유'롭다고 생각하고 있더라도, 그들은 객관적으로는 '노예'에 다름없다는 사실이었다. 따라서 자본주의 생산양식하에서 고용되어 일하는 임금노동자에게도 역시 스스로를 해방할 절대적인 권리가 있다고 하는 것이 마르크스의 확신이었던 것이다.

우리에게도 스스로를 해방할 절대적 권리가 있다. 그러나 헤겔이 노예에 대해 기대한 것처럼, 그리고 마르크스가 임금노동자에게 기대한 것처럼 스스로를 해방시키기 위해서는 스스로 투쟁하지 않으면 안된다. 타인에 의해 해방되는 것을 기대하면서 현 상태를 참고 버티는 것만으로는 자기자신을 해방할 수 없다. 스스로 어떻게든 하지 않는다면 아무도 도와주지 않는다. 스스로 싸웠을 때 비로소 타인의 협력을 얻는 일도 가능해진다. 그리고 제6장에서 확인하였다시피 사람들은 다양한 방법으로 노예제로부터 도망치려고 해왔다.

현대 일본에서 우리가 그 안에 존재하는 '은폐된 노예제'를 자각하는 하나의 커다란 계기가 된 것은, '블랙(Black)기업'이라는 용어의 확산이었다고 생각한다. "이 용어가 최초로 사용된 사례 중 하나는, 2005년 7월 25일부의 '블랙기업을 가려내는 방법'이라는 제목의 (인터넷상의) 정보"[1]였다고 하는데, 그 후 IT기업의 노동현장에 관한 인터넷상의 스레드(thread)를 바탕으로 한 구로이 유토(黑井勇人) 명의의 책 『블랙회사에 근무하고 있는데, 이제 난 한계일지도 모르겠어』가 2008년에 출판되어, 그것이 2009년에 고이케 텟페이(小池徹平) 주연, 사토 유이치(佐藤裕市) 감독에 의해 영화화됨으로써 '블랙회사/블랙기업'이라는 말이 일거에 확산되었다.

2012년에는 젊은이들의 노동상담을 접수하는 NPO법인 POSSE의 대표인 곤노 하루키(今野晴貴)의 저서 『블랙기업—일본을 잠식하는 요괴』(문예춘추)가 베스트셀러가 되어 2013년도 제13회 오사라기 지로(大佛次郎) 논단상(論壇賞)을 수상하였으며, '블랙기업'이라는 말은 같은 해의 '신어(新語)·유행어 대상'(자유국민사 주최)의 탑 10에도 뽑혔다.

이 용어의 획기적 의의는, 노동자의 '자기책임' 의식을 해제하여, 자기에게 강요되고 있는 저임금·장시간 노동의 책임을 기업 측에 되돌려 던지는 기능을 가진 점에 있다. 다시 말해, '나쁜' 쪽은 부과된 일을 제대로 처리하지 못하는 자기의 '무능'이나 '허약함'이 아니라, 소화할 수 없

---

1 森岡孝二, 『雇用身分社会』, 岩波新書, 2015, p. 8.

을 정도의 대량의 일을 강제로 떠맡기는 기업의 '부당한' 처우에 있다는 비판 논리를 많을 사람들에게 제시한 점에 있다. 자기 회사가 '블랙기업' 일지도 모른다고 의심하는 것, 자기 상사가 '블랙상사'일지 모른다고 의심하는 것, 이는 용어 사용을 하기 시작한 첫걸음이지만 '뛰어난 의식'을 획득하기 위한 커다란 첫걸음이다.

그리고 '블랙기업'으로부터 실제로 도망치기 위해서는 싸우지 않으면 안된다. '블랙'스러운 속박에서 벗어나고자 하는 것은 하나의 계급투쟁이다. 잔업을 거부하여 정시에 귀가하는 일, 휴일 출근을 거부하여 확실하게 쉬는 일, 연차 유급휴가를 포기하지 않고 취득하는 일, 이들은 모두 계급투쟁이다.

아케노 가에루코(朱野歸子)의 소설 『저, 정시에 귀가합니다』(新潮社, 2018)에는, "정시에 귀가하는 것은 용기의 증표야"라는 주인공의 대사가 나온다.[2] 이는 분명 1988년에 등장한 산쿄(三共, 현재의 第一三共 헬스케어)의 드링크영양제 '리게인'의 TV 광고 패러디이다. 그 CM 송의 가사가 "노랑과 검은 색은 용기의 증표, 24시간 싸울 수 있습니까"였다. 변호사나 의사에 의한 전화상담 창구로서 '과로사 110번 전국 네트워크'가 출범하고, '과로사 변호단 전국연락회의'가 결성된 것도 같은 1988년의 일이다.

---

2 朱野帰子, 『わたし, 定時で帰ります』, 新潮文庫, 2019, p. 174.

아케노의 소설에는 다음과 같은 주인공의 독백이 있다. "그러나 매일 정시에 귀가하기 위해서는, 상사가 무계획으로 마구 내리는 지시나, 취업시간 외에 명령받은 일은, 웬만한 긴급 시가 아닌 한 거절해야 마땅하다. 그것이 '동료에게 일을 전가하는 행위'라고 누군가 말한다면 아마 맞는 지적일 것이다. 하지만 모든 것을 떠맡는다면 끝이 없다. 거절하는 사람이 없다면 아무도 쓸데없는 일을 줄일 생각은 하지 않을 테니까."[3]

확실히 '정시에 귀가'하는 것에는 '용기'가 필요하다. 상사의 지시를 거절하는 데에는 '용기'가 필요하다. 이를 위해서는 신자유주의가 요구하는 '강한 자아'나 '자립심'과는 다른 의미에서의 '강한 자아'나 '자립심'이 필요하게 된다. 구마자와 마코토(熊澤誠)의 표현을 빌리면, '회사를 위해서'가 아니라 '자기의 생활을 위해서' 일한다는 확고한 의지이다. 그리고 동료와의 연대도 필요하게 될 것이다. 블랙기업의 현상(現狀) 그리고 자본주의의 현상 그 자체는 개인으로는 해결할 수 없으며, 다른 사람들과 협력하지 않는다면 현상을 바꾸는 일은 불가능하기 때문이다. 그를 위해 존재하는 것이 직장의 노동조합이며 혹은 개인으로도 가맹할 수 있는 지역의 유니언(조합)이다.

그러나 그와 같은 행동에 나서는 '강한 자아'를 누구나가 갖고 있는 것은 아니다. 그 경우에는 도망친다는 수가 있다. 이것도 제6장에서 보

---

3 같은 책, p. 176.

았듯이 도망치는 것도 노예제와 싸우는 하나의 방법인 것이다. 도망치는 것은 '야생화(野生化)하는' 것이었다. 회사를 그만두는 것, 피고용 상황을 종료하는 것, 회사를 그만두고 그레이버가 말하는 의미에서의 친근한 '일상적 코뮤니즘'에 의거하면서 고용되지 않고 살아가는 것. 이 또한 하나의 계급투쟁인 것이다.

자본주의라는 시스템 자체를 전면적으로 변혁하는 것은 물론 간단한 일이 아니다. 그러나 자본주의 그 자체가 현재는 위기적 상황에 놓여 있다. 자본주의의 종언이 시작되고 있다. 그러한 상황 속에서 자본주의적 임금노동에 종사하는 것은 더욱더 가혹한 일이 될 것이다. 부분적으로 노예제는 더욱더 강화되어 갈 것이다. 그것에 저항하면서 지금까지와는 다른 노동방식을 모색하는 것, 지역 내에서 친근한 사람들과 협동하며 생활하는 방식을 구축하는 일, 분자(分子) 상태의 작은 거점으로부터 네트워크를 구축하는 일. 이 또한 하나의 계급투쟁이다.

그 저편에 우리는 무엇을 지향해야 할 것인가. 우리가 더 이상 노예가 아닌 상태, 그것은 우리가 자기 시간의 주인공이 되는 것, '자유로운 시간'을 수중에 넣을 수 있게 되는 것을 뜻한다. 마르크스가 『자본론』 제3권 말미에 삽입할 예정으로 적어 놓았던 문장을 인용해 둔다. 자본주의의 미래 저편에 그는 다음과 같은 세계를 머릿속에 그리고 있었다.

> 실제로 자유의 나라는 궁핍이나 외적인 합목적성에 쫓기면서 노동하는 일이

없어졌을 때 비로소 시작된다. 즉 그것은 당연한 일로서, 본래의 물질적 생산 영역의 저편에 존재하는 것이다. (중략) 자유는 이(물질적 생산의) 영역 안에서는 단지 다음과 같은 경우에만 유일하게 존재할 수 있다. 즉 사회화된 인간, 협동한 생산자들이, 맹목적인 힘에 의해 지배받도록 자신들과 자연 사이의 물질대사에 의해 지배받는 것을 그만두고, 이 물질대사를 합리적으로 규제하고, 자기들의 공동의 통제하에 두는 것, 다시 말해 힘의 최소 소비에 의해 자기들의 인간적 자연에 가장 어울리고 가장 적합한 조건하에서 이 물질대사를 이룬다는 것이다. 그러나 이는 아직 필연적으로 거쳐야 하는 나라일 뿐이다. 이 나라의 저편에서, 자기 목적으로서 인정되는 인간의 힘의 발전이, 진정한 자유의 나라가 시작된다. 그러나 그것은 오직 필연적으로 나타날 나라를 기초로 하여 그 위에서만 꽃을 피울 수 있는 것이다. 노동일의 단축이야말로 그 토대이다.[4]

'자유의 나라' 자체는 유토피아일지도 모른다. 혹은 요원한 미래에서나 가능한 일일지도 모른다. 우리는 먹고 입고 자고 다시 또 일어나면서 살아가고 있다. 사람과 만나고 그들과 이야기하고 가족을 만들고 자녀를 키우며 생활하고 있다. 그러한 생활을 유지하기 위해서는 우리는 어떠한 형태이든 일하지 않으면 안된다.

그러나 하루의 노동시간을 단축하는 일, 이것은 유토피아가 아니다. 자기가 생활하기 위해 필요한 시간을 초과하여 장시간 일하는 것을 그

4 Karl Marx, Das Kapital (Ökonomisches Manuscript 1863-1865), in: *MEGA*, Ⅱ/4.2, Berlin: Dietz, 1992, S. 838(岡崎次郎訳, 『資本論』 第3巻, 『全集』 第25巻 第2分冊, 大月書店, 1967, p. 1051).

만두는 것. 멈추게 만드는 것. 하루의 노동시간을 설사 1시간만이라도 단축하기 위해, 그리고 '자유로운 시간'을 조금이라도 길게 확보하기 위하여 자기가 할 수 있는 일을 하는 것. 그것이 우리가 더 이상 노예가 되지 않기 위한 첫걸음인 것이다.

「프리즈너 No. 6」라는 TV드라마를 알고 계신지. 영국 BBC에 대항하는 민간 방송 '채널 3'(Independent Television)이 제작·방영한 연속 드라마(원제는 "The Prisoner" 전 17화)로서 일본에서는 1969년 3월부터 6월에 걸쳐 NHK의 심야방송으로 방영되었다. 내가 고등학생 시절의 일인데 공부도 하지 않고 전등을 끄고 몰래 TV를 보다가 가족에게 들켜 심하게 야단맞은 기억이 있다.

주연은 패트릭 맥구한. 영국의 전 첩보부원인 주인공은 '마을'이라 불리는 장소(바다에 임한 리조트 같은 곳)에 붙잡혀 있으며, '넘버 6'라는 번호를 부여받고 있다. 그러나 왜 그러한 상황에 처하였는지는 도무지 알 수 없다. '마을' 안을 돌아다니는 것은 가능하지만 밖으로 나갈 수는 없다. 주인공은 매회 기회를 엿보고 '마을'로부터의 탈출을 시도하지만, 다양한 것들(예를 들어 거대한 고무공)에 방해를 받아 실패로 끝난다고 하는 끝없는 악몽과 같은 이야기였다.

'자유란 무엇인가'를 생각할 때 나는 때때로 이 드라마를 떠올린다. 주인공은 '마을' 주민에게 '다른 세계가 있다'고 말해 주지만 주민들은 '마을' 생활에 만족하고 있어 탈주계획에 무관심하다. 어쩌면 우리도 실은 어딘가의 '마을'에 갇혀 있는 것은 아닐까. 그리고 그 사실을 깨닫지 못하고 있는 것은 아닐까.

본래 우리의 '자유'란 무엇인가. 우리는 정말로 하루하루 자유롭게 생각하고 자유롭게 결단하며 살고 있는 것일까. 사회심리학자인 고

자카이 도시아키(小坂井敏晶)는 자전적인 저서 『답 없는 세계를 살아간다』(祥伝社, 2017)에서 인간의 '자유의지'에 대해서 다음과 같이 설명하고 있다.

> 인간세계는 두 종류의 최종 원인을 날조하였다. 하나는 〈외부〉에 투영되는 신(神)이나 천(天)이다. 인간의 삶은 섭리에 따른다. 신이 주체이고 그 의지가 인간의 운명을 정한다. 이런 식의 이야기다. 그리고 근대가 창출한 또 하나의 최종 원인이 자유의지이다. 신을 죽이고, 〈외부〉에 최종 원인을 잃어버린 근대는, 자유의지라 칭하는 별도의 주체를 〈내부〉에 날조한다. 이것이 자기책임이라는 주문(呪文)의 정체이다(pp. 301~302).

그 '자유의지'의 결과로서의 '자기책임'에 관해서는, 고자카이는 10년 정도 전 『책임이라는 허구』(도쿄대학출판회, 2008)라는 저서에서 이미 이렇게 설명하고 있었다.

> 근대적 도덕관이나 형법 이념에서는, 자유의지하에서 이루어진 행위이기 때문에 그것에 대해 책임을 진다고 생각을 해왔으나 이 출발점에 이미 커다란 오류가 있다. (중략) 자유롭기 때문에 책임이 발생하는 것이 아니다. 거꾸로 우리는 책임자를 찾아내야 하기 때문에, 즉 사건을 확실히 매듭지을 필요가 있기 때문에 행위자는 자유롭다고 사회가 선언하는 것이다. 바꿔 말하면, 자유는 책임을 위한 필요조건이 아니라 역으로 인과론적 발상으로 책임 개념을 정립한 결과, 논리적으로 요청되는 사회적 허구에 지나지 않는다(pp. 156~157).

고자카이의 말이 옳다고 한다면, 우리는 자기가 놓여진 상태나 자기가 해온 일에 대해서 '그것은 자기책임'이라고 타인에 의해 단정지어질 경우에, 그것을 '결과'로서 낳은 원인이어야 할 '나의 자유의지'를 타인에 의해 확인받는 셈이다. 정말로 그런 것인지, 이 점은 숙고해 보아야 할 중요한 문제라 생각한다. 그리고 이 문제를 생각하기 위해 내가 도입한 보조선(補助線)이 '노예제'였다.

본서는 세 가지 우연이 겹침으로써 탄생하게 되었다. 하나는 서점에서 우연히 발견한 수잔 벅모스의 『헤겔과 아이티』(한국에서는 『헤겔, 아이티, 보편사』라는 제목으로 문학동네에서 2012년 출간－역자)로서 허를 찌르는 책 제목에 끌려서 손에 쥐게 되었다, 이 책을 읽는 중에 느꼈던 하나의 의문으로부터 헤겔의 법철학 강의록을 처음부터 다시 읽어 보게 되었고, 나아가 그렇다면 마르크스에게 '아이티'에 해당하는 것은 도대체 무엇일까 하고 새삼 생각하게 되었다. 두 번째 우연은, 마침 그즈음에 '마르크스 탄생 200년 기념 국제심포지엄'에서 발표해 달라는 요청을 받은 일이다. 그리하여 '은폐된 노예제'란 무엇인가라는 테마를 중심으로 「마르크스에게서의 자본주의와 노예제」에 대해 발표하기로 결심하였다. 그리고 세 번째 우연은, 2018년 12월 23일에 도쿄에서 개최된 위 국제심포지엄 회의장에 슈에이샤(集英社) 신서 편집장인 핫토리(服部祐佳) 씨가 출석한 점이었다. 그 회의장에서의 "『은폐된 노예제』, 책으로 출판합시다"라는 핫토리 씨의 일성(一聲)에 의해 실현된 것이 이 책이다.

핫토리 씨의 제안과 수많은 아이디어가 없었다면 발표시간 30분의 원고였던 것이 이와 같은 형태로 성장하여 세상에 선보일 일은 없었을 것이다. 또한 슈에이샤의 교열 스태프 분들의 꼼꼼한 점검과 신서 편집부의 와라야 고이치(藁谷浩一) 씨의 적확한 코멘트 덕에 최초 원고보다 정확하고 읽기 편한 문장이 되었다고 생각한다. 다시 한번 진심으로 감사드린다.

2019년 5월 5일

우에무라 쿠니히코(植村邦彦)

이 책은 2019년에 일본 슈에이샤(集英社)에서 출간된 우에무라 구니히코(植村邦彦)의 저서 『隠された奴隷制』를 번역한 것이다. 한국어 번역판 제목을 원제 그대로 '은폐된 노예제'로 붙인 것은, 그만큼 이 용어가 본서 전체 내용을 집약해 주는 핵심어라고 판단한 자연스런 이유 때문이었다. 그러나 그 이상으로 이 '의미심장'해 보이는 용어가 풍기는 묘한 매력에 역자의 마음이 이끌렸다는 점이 더 큰 이유였을 것이다.

저자가 머리말에서 언급하고 있듯이, '노예제'라는 용어에 대해서는 어느 정도 상식적인 범위 내에서 각자 연상되는 바가 있겠지만, 그러나 여기에 '은폐된'이라는 수식어가 덧붙여졌을 때 독자들은 과연 어떠한 이미지를 떠올리게 될까. 아마도 대부분의 독자들은 이 용어로부터 곧바로 어떤 구체적인 이미지를 상기하기가 쉽지 않으리라 생각한다. 역자 역시, 이 '은폐된 노예제'라는 말에 그야말로 '숨겨진', '비밀스런 함의'에 대한 궁금증으로 이 책을 손에 잡기가 무섭게 곧바로 그 미궁의 세계 속으로 빨려들어 갔으며, 결국은 이렇게 번역까지 하기에 이르렀다.

저자는 이 책을 쓰게 된 계기의 하나로서, 헤겔의 『정신현상학』에서 '주인과 노예의 변증법' 논의와 동시대의 아이티혁명의 관련성을 파헤친 수전 벅모스의 『헤겔과 아이티』를 들면서, 마치 탐정소설을 읽는 듯한 재미를 느꼈다고 말하고 있는데, 역자가 보기에 본서야말로 그 이상의 풍부하고 흥미진진한 논점을 내포한 자극적인 논지를 전개시키고 있기에, 많은 독자들이 독서의 즐거움을 향유하게 될 것으로 확신한다.

이 짧은 글의 의도가 본서의 해설에 있는 것은 아니기 때문에, 그 구체적 내용에 대한 상세한 소개나 혹은 비평적 코멘트 등은 생략하지만, 다만 이 책의 기본적 논지에 대한 독자들의 이해를 돕기 위해 일본어 원서의 표지와 띠에 실려 있는 다음과 같은 문구들을 여기에 옮겨 놓기로 한다.

> 마르크스의 『자본론』에는 '은폐된 노예제'라는 키워드가 등장한다. 일반적으로 노예제라고 하면, 신대륙 발견 후에 아프리카로부터 데려온 흑인노예가 상기되며, 이미 제도로서는 소멸되어 있다.
> 그러나 저자에 의하면, '자유'롭게 계약을 맺는 현대의 노동자도 똑같이 '노예'라고 한다. 그 노예제는 어떤 식으로 '은폐'되었는가. 양극화 사회를 비롯한 제모순이 해결되지 않은 채 지속하는 자본주의에 대안은 있는 것일까. 마르크스 연구의 대가인 저자가 로크로부터 현대에 이르는 '노예의 사상사' 350년간을 추적하면서 자본주의의 정체를 밝힌다.
>
> 로크, 몽테스키외, 루소, 볼테르, 스미스, 헤겔 … 근대 350년을 추적하면서, 마르크스가 남긴 수수께끼 같은 키워드로 자본주의를 읽어내다.
>
> '자유'롭게 일하는 우리는 왜 '노예'에 불과한가?

이 문장들로부터 본서의 기본적인 문제의식이 어느 정도 전달되었으리라 생각한다. 즉, 마르크스가 '은폐된 노예제'라는 용어를 사용해 '자본주의와 노예제'의 떼려야 뗄 수 없는 관계를 어떤 식으로 들추어 내고 있고 또 그 의의는 무엇인지를 밝히기 위해, 저자는 근대 350년에 걸친 '노예제의 사상사'를 헤쳐 나가고 있다. 이러한 논의과정 속에서 우리는 마르크스 자신이 근대의 주요 사상들—계몽주의, 자유주의, 고전파 경제학, 헤겔 철학, 무정부주의와 초기사회주의 등—과 어떻게 대결하고 이를 극복해 나갔는지를 동시에 확인할 수 있을 것이다.

그리고 앞의 인용문에는, 한편으로는 '이중의 의미에서 자유'롭다고 하는 임금노동자가 실제로는 (산업)노예에 불과하다는 마르크스의 동시대 현실에 대한 예리한 통찰력뿐만 아니라, 이 책 후반부에서 다루어지고 있는 것처럼 현대사회에서 우리 자신도 여전히 똑같이 처하고 있는 상황이기도 하다는 저자 자신의 메시지가 담겨 있다.

저자인 우에무라는 저서 형태로는 아마도 국내에 처음 선보인다고 생각하여, 여기서 그에 관한 약간의 추가적 정보를 소개해 두고자 한다. 우에무라는 일본 히토쓰바시(一橋)대학 사회학연구과 박사과정을 수료하였으며, 학위논문은 그의 최초의 단독 저서이기도 한 『슐츠와 마르크스—「근대」의 자기인식』(1990)이었다. 논문명에 나오는 슐츠는 Wilhelm F. Schulz(1797~1860)로서 우리에게는 약간 생소할지도 모르나, 그의 주저 『생산의 운동』(1843)이 마르크스의 『경제학·철학수고』(1844)에 인용되어 있는 등, 초기 마르크스의 사회사상에 적지 않은 영향을 끼쳤던 인물이다.

그 후 우에무라는 구마모토(熊本)대학을 거쳐 1994년에 간사이(関西) 대학 경제학부에 부임한 이래 2022년 퇴임할 때까지 그곳에서 많은 연구 업적을 남겼으며, 현재는 동 대학 명예교수로 있다. 대학에서 사회사상사를 담당하였는데, 그중에서도 근대 독일(특히 마르크스주의, 유대인 문제)을 중심으로 한 사회사상사가 그의 주요 연구영역이었다고 한다.

우에무라 교수의 정년퇴임을 기념한 특집호(『関西大学経済論集』 71권 4호, 2022. 3)의 권두언에서 편자인 나카자와 노부히코(中澤信彦) 교수는, 그의 연구의 특징을 "역사적 문맥을 중시한 치밀한 실증적 사상사 연구이면서, 그것이 동시에 뛰어난 현대적 메시지—우리가 살고 있는 현대사회에서 자명시되고 있는 통념에 대한 되묻기의 중요성—를 던지고 있는 점"에 있다고 지적하고 있다. 이러한 특징은 이 책에서도 변함없이 뚜렷하게 나타나고 있다고 할 수 있다.

여기서 또 하나, 저자의 문제의식이나 학문적 스타일을 이해하는 데 중요한 참고가 되리라 생각하는 그의 지적 배경에 대해 부언해 두자. 우에무라는 나고야대학 학부시절에 히라타 기요아키(平田清明) 교수에게 사사하였으며, 히토쓰바시 대학원에서는 라치 치카라(良知力) 교수의 훈도를 받았다. 두 사람 모두 지금은 고인이 되었으나, 일본의 인문·사회과학계에 커다란 족적을 남긴 학자이자 비판적 지식인이었다. 특히 히라타의 『시민사회와 사회주의』(1969), 라치의 『마르크스와 비판자 군상』(1971)

이니 『긴 너편으로부터의 세계사―하나의 48년 혁명사론』(1978) 등은 지금까지도 널리 읽혀지고 있는 문제제기적 작품들이다.

현대 자본주의 사회에 대해 매우 비판적이면서도 결코 교조적이거나 이데올로기 과잉으로 흐르지 않고, 냉정하고도 실증적인 태도를 견지하는 저자의 모습 속에, 마르크스의 사상과 입장을 철저하게 상대화시켜 바라본 두 스승의 영향의 그림자를 엿볼 수 있을 것이다.

이상 간략하게나마 저자의 신상정보를 소개하였다. 그의 다른 저서들, 특히 『로자의 아이들, 혹은 자본주의의 불가능성―세계시스템의 사상사』(平凡社, 2016) 등에 대해서도 함께 언급하고 싶었으나 그럴 여유는 없을 것 같다. 본서 이후에 간행된 최신 저서로 『칼 마르크스: 미래의 프로젝트를 읽는다』(新泉社, 2022)가 있으며, 현재도 정력적인 연구를 이어나가고 있음을 알리면서 이 글을 마치고자 한다.

끝으로 최근 특히 일본 책의 번역서 간행이 더욱 어려워지고 있는 듯이 보이는 출판계의 사정에도 불구하고, 흔쾌히 본서의 간행을 떠맡아 주신 도서출판 해남의 노현철 사장님께 특별한 감사의 마음을 전하고 싶다. 아울러 동 출판사 편집 담당자분들께는 수차례에 걸친 번거로운 교정작업에 적극 협력해 주신 점에 대해 감사드린다.

또한 번역 최종 단계에서 매끄러운 문장이 될 수 있도록 귀중한 조언을 아끼지 않으신 이화여대 동시통역대학원 조영주 교수님에게도 감사드린다. 마지막으로 역자가 몸담고 있는 고려대학교 경제정책학전공 박사과정의 채상수 군은 번역 초고에 대한 검토를 비롯하여 사무적인 면에서도 여러 도움을 주었다. 이 자리를 빌려 고마운 마음을 전한다.

2024년 7월

조성원

ㄱ

ㄴ

ㄷ